Sem filtro

LILY COLLINS

Sem filtro

Sem vergonha, sem arrependimentos, apenas eu mesma

Tradução:
Joana Ferreira de Faro

1ª edição

— Galera —

RIO DE JANEIRO

2017

CIP-BRASIL. CATALOGAÇÃO NA PUBLICAÇÃO
SINDICATO NACIONAL DOS EDITORES DE LIVROS, RJ

C674s Collins, Lily, 1989-
       Sem filtro / Lily Collins; tradução de Joana Ferreira de Faro.
       – 1ª. ed. – Rio de Janeiro: Galera Record, 2017.

       Tradução de: Unfiltered: No Shame, No Regrets, Just Me
       ISBN 978-85-01-11185-2

       1. Ficção juvenil inglesa. I. Faro, Joana Ferreira de. II. Título.

17-43209   CDD: 028.5
                                                 CDU: 087.5

Título original:
Unfiltered: No Shame, No Regrets, Just Me

Copyright © 2017 by Lily Collins

Todas as fotos usadas com permissão de Lily Collins, exceto pelas páginas 191,
autorizada por Christina Oh, e 173, autorizada por Jeff Sutphen

Todos os direitos reservados.
Proibida a reprodução, no todo ou em parte, através de quaisquer meios.
Os direitos morais do autor foram assegurados.

Texto revisado segundo o novo Acordo Ortográfico da Língua Portuguesa.
Editoração eletrônica: Abreu's System

Direitos exclusivos de publicação em língua portuguesa somente para o Brasil
adquiridos pela
EDITORA RECORD LTDA.
Rua Argentina, 171 – Rio de Janeiro, RJ – 20921-380 – Tel.: (21) 2585-2000,
que se reserva a propriedade literária desta tradução.

Impresso no Brasil

ISBN 978-85-01-11185-2

EDITORA AFILIADA

Seja um leitor preferencial Record.
Cadastre-se em www.record.com.br e receba informações
sobre nossos lançamentos e nossas promoções.

Atendimento e venda direta ao leitor:
mdireto@record.com.br ou (21) 2585-2002.

Para todos que já se sentiram sós...

Para as jovens incrivelmente inspiradoras do mundo todo
que tive o prazer de conhecer em pessoa ou nas redes sociais:
obrigada pelo constante apoio, paixão, encorajamento e amor.
Sua coragem de abrir a alma e compartilhar suas histórias me
inspirou a fazer o mesmo.

Amor, sempre
e
eternamente

SUMÁRIO

1. AS PECULIARIDADES QUE NOS DIFERENCIAM SÃO O QUE NOS TORNA LINDOS   11

2. QUANDO ALGUÉM DEMONSTRAR QUEM REALMENTE É, ACREDITE   21

3. ACEITAMOS O AMOR QUE ACREDITAMOS MERECER   35

4. GRANDES ATOS DE DESAPARECIMENTO   41

5. MINHA BATALHA PELA PERFEIÇÃO   53

6. MINHA MÃE: O MITO, A LENDA   67

7. TODA TATUAGEM CONTA UMA HISTÓRIA   81

8	SEJA BOBO. É ATRAENTE. SER NORMAL É UM TÉDIO.	91
9	UMA CARTA PARA TODOS OS PAIS	107
10	INVOQUE SEU SUPER-HERÓI INTERIOR	119
11	EM UM RELACIONAMENTO COM O VÍCIO	131
12	COMIDA COMO COMBUSTÍVEL, NÃO COMO CASTIGO	145
13	REVELANDO NOSSOS SEGREDOS	161
14	FALE MAIS, CRIE CONEXÕES	171
15	DA CANETA PARA O PAPEL E ALÉM	179
16	NADA É POR ACASO	191
17	REFLEXÕES EM SEUL	203
	AGRADECIMENTOS	215
	RECURSOS	233

Se destacar na multidão
é muito melhor que
se misturar a ela.

1

AS PECULIARIDADES QUE NOS DIFERENCIAM SÃO O QUE NOS TORNA LINDOS

Eu costumava ser muito insegura em relação a minhas sobrancelhas. Elas sempre tiveram vontade própria. Quando me mudei para Los Angeles no ensino fundamental, as sobrancelhas finas estavam na moda. Mas, como eu só tinha 6 anos, não prestava atenção à mídia ou ao mundo da moda, nem tinha vontade de mudar de acordo com as tendências. Eu só sabia que era diferente. Mas, quando fiz 12 e as minhas inseguranças pré-adolescentes se desenvolveram, passei a prestar *muita* atenção a minhas sobrancelhas. Não conseguia ver mais nada quando me olhava no espelho. Eram grandes e cheias demais, e ocupavam metade do rosto. Os colegas começaram a fazer comentários cruéis que me atingiam de verdade. Desesperada para acabar com os insultos, decidi fazer justiça com as próprias mãos.

Uma noite, antes que minha mãe e eu saíssemos para jantar, peguei uma pinça e parti para o ataque. Depois do que pareceu uma eternidade, dei um passo para trás e me admirei no espelho. Achei que tinha feito um trabalho incrível: ambas tinham um belo formato arqueado, estavam uniformes e igualmente separadas. Fiquei superorgulhosa! Eu e minha mãe fomos até o restaurante e pegamos uma mesa sem falar de meu trabalho estético. Eu estava muito nervosa para saber a opinião dela, e tinha evitado seu olhar durante todo o percurso de carro. Bem, isso deixou de ser possível quando ficamos uma diante da outra na mesa. Minha mãe ficou sentada ali, olhando para mim, e perguntou o que eu tinha feito com o rosto. A princípio, ela não conseguiu mesmo perceber o que havia de diferente, até que finalmente a ficha caiu. Falei que *eu* achava que minhas sobrancelhas estavam lindas. Ela disse que discordava. Disse que eu tinha arrancado metade delas, que agora eram duas linhas retas em minha testa. Eu me recusei a acreditar, entrando na defensiva e tentando justificar meus motivos para ter feito aquilo. Então fui ao banheiro e me olhei com atenção por um bom tempo. Cara, ela estava certa. Estavam mesmo horrendas. Eu não conseguia acreditar. Me arrependi na hora e voltei mal-humorada para a mesa. Minha mãe tentou melhorar meu ânimo, mas acrescentou que talvez elas nunca mais crescessem, o que NÃO ajudou. Eu não só estava irritada comigo mesma, mas também apavorada com a possibilidade de que minhas antes voluptuosas (embora meio rebeldes) sobrancelhas ficassem finas para sempre, e eu ficasse eternamente com cara de boba.

Bem, o Desastre das Sobrancelhas me ensinou uma lição importante. Eu tinha deixado os comentários negativos de outras pessoas me afetarem, e depois permitira que minhas inseguranças me levassem a alterar minha aparência e cometer um grande erro. E era exatamente por isso que minha mãe estava chateada. Ela queria que eu reconhecesse que tentara alterar um de meus traços para me encaixar. Eu não achava bonitas minhas sobrancelhas grossas e densas; só as via como algo que me tornava diferente. Então ela me ensinou o mantra "As peculiaridades que nos diferenciam são o que nos torna lindos." O diferente não deve ser considerado ruim. O diferente é lindo!

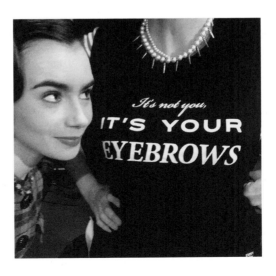

Por sorte minhas sobrancelhas voltaram a crescer... embora tenha levado um tempão. E nunca mais fiz nenhuma loucura com elas. Demorei um pouco para aceitar que são chamativas e únicas, mas, quando consegui, nunca mais voltei atrás! Embora ainda enfrente comentários negativos todos os dias na internet — pessoas dizendo que eu deveria raspá-las ou tirá-las com cera, que sou peluda demais —, eu me limito a rir e revirar os olhos. Acabei me apegando muito a minhas sobrancelhas (e elas a mim) ao longo dos anos. Tornaram-se minha marca registrada! Tirando os trolls da internet, elas são sempre alvo de elogios. Já até me perguntaram se podiam tocá-las. Como se estivessem esfregando a barriga de uma estátua do Buda para dar sorte! Apesar de me sentir meio confusa com todo esse alvoroço, fico muito lisonjeada. Minhas sobrancelhas se tornaram uma característica que define quem eu sou, e não como me sinto. São parte de quem eu sou, e essa é exatamente a questão: elas são parte do que me torna *eu*. Uma marca registrada. Cada um de nós é único no mundo, então todas as peculiaridades que nos definem são coisas especiais e devem ser aceitas em vez de rejeitadas.

Essas peculiaridades não têm a ver apenas com nossas características físicas. Elas também podem se referir a traços de nossa personalidade. Quando criança, eu era fascinada pelo comportamento humano e adorava encontrar qualquer desculpa para socializar com desconhecidos. Eu genuinamente queria conhecer gente nova de todas as classes sociais, e desejava a satisfação que vinha de deixar os outros felizes e, por extensão, a mim mesma. Eu ia até pessoas na rua e as elogiava, dizendo a uma mulher que gostava de seus sapatos, cabelo, vestido, o que fosse, ou até falando para um homem que ele era bonito. Meus amigos achavam muito estranho e não sabiam de onde eu tirava a coragem para fazer aquilo — nenhum deles era superextrovertido. Certa vez, aos 9 anos, eu estava na fila de um parque de diversões com minha mãe. Com a aprovação dela, eu me aproximei do cara a nossa frente, que tinha uns 30 e poucos anos e uma aparência interessante. Eu disse que o achava bonito e o convidei para se sentar a meu lado na montanha-russa porque estava com medo e sabia que sua beleza me distrairia. Como é possível imaginar, ele ficou confuso a princípio, mas no final acabou topando. Viu? Eu sempre fui estranhamente corajosa com desconhecidos, impelida a interagir e fazer amizade mesmo sob o risco de passar vergonha. Até hoje me lembro de um episódio que aconteceu em Venice Beach quando eu tinha 6 anos. Cheguei perto de um cara todo tatuado em uma Harley-Davidson e, com meu sotaque britânico fofo e inocente, disse que achava suas tatuagens muito bonitas. Bem, tenho certeza de que não era isso o que ele estava esperando, nem o que queria ouvir na frente dos amigos motoqueiros, mas aposto que aquilo o fez sorrir por dentro. E acho que foi essa minha motivação. Não porque eu esperasse algo em troca, mas porque nunca tive medo de me expor para alegrar outra pessoa. O que em muito se assemelha ao que faço como atriz: eu ajudo a dar vida a histórias que espero serem capazes de confortar ou alegrar as pessoas. E não há nada de errado em querer espalhar um pouco de felicidade. É lindo.

EU VIVIA CONTANDO HISTÓRIAS PARA QUALQUER UM — INCLUINDO GNOMOS. EU NÃO FAZIA DISTINÇÕES.

Esse tipo peculiar de liberdade de espírito não parou por aí. Desde pequena, eu procurava a companhia de gente muito mais velha. Quando era criança, eu não me incomodava com o fato de que um adulto e eu aparentemente tivéssemos pouco em comum, porque, depois que começávamos a conversar, tínhamos muito a dizer. Às vezes eu tinha mais o que conversar com eles do que com as crianças de minha idade. Os adultos me faziam todo tipo de perguntas sobre minha geração, o que certas palavras significavam e o que era descolado. E eu os achava experientes e hilários.

Na verdade, fazia questão de incluir as mães dos amigos nas conversas, enquanto eles preferiam ignorá-las. Sendo tão próxima de minha própria mãe, eu adorava ouvir as histórias de seus amigos e achava a conversa muito interessante. Talvez considerassem estranho eu socializar com gente com o triplo de minha idade, mas eu realmente não pensava duas vezes. E a sabedoria que me passavam era muito valiosa. É incrível ser aberto e não fazer julgamentos. É exatamente o que esperamos dos outros, afinal de contas.

Então, e daí se algumas pessoas não entendiam minha natureza extrovertida ou meu amor pela socialização? E daí que em geral eu era a pessoa mais nova nos lugares? Percebi que sempre que sinto vergonha de alguma de minhas peculiaridades é porque presumo que estejam me julgando. É aí que mora o perigo. Você prejudica sua autoimagem quando se compara com os outros e com o que vê na mídia. E, embora hoje eu apareça nessas revistas, filmes e programas de TV, por um bom tempo eu fazia a mesma coisa. Depois que me aceitei como sou, incluindo minhas esquisitices, a forma como os outros me viam parou de importar porque passei a gostar do que vejo. Quando as pessoas apontam nossas diferenças, demonstram as próprias inseguranças. Pode ser muito difícil não levar esses comentários para o lado pessoal, mas, no segundo que permitimos que isso aconteça, damos poder e verdade às palavras delas.

Talvez eu nem sempre tenha me comportado — bem, ainda hoje é mais ou menos assim — do jeito esperado, mas não seria entediante se todos nós seguíssemos as mesmas regras e fizéssemos tudo de acordo? Aham, seria chato demais. Que tal compartilharmos com orgulho nossas peculiaridades? Seja você mesmo e aceite suas diferenças como coisas que o tornam único e especial. O "diferente" não deveria ser considerado confuso, negativo ou algo que nos afasta, mas sim uma qualidade que aplaudimos e admiramos em nós mesmos e nos outros. Sempre que sinto que alguma insegurança vai me fazer sentir um alien, repito o mantra de minha mãe — "As peculiaridades que nos diferenciam são o que nos torna lindos" — e lembro que se destacar na multidão é muito melhor que se misturar a ela.

Nunca vou precisar de ninguém para me completar. Eu me basto sozinha.

2

QUANDO ALGUÉM DEMONSTRAR QUEM REALMENTE É, ACREDITE

Descobri que algumas pessoas têm muito talento para se esconder. Para fingir. Para mentir em relação ao que sentem, ao que acreditam e a quem são como um todo. Essas mentiras são habituais, praticamente subconscientes e extremamente prejudiciais. Muitas vezes não percebi ter caído em uma delas — foram esses os momentos em que fiquei mais envolvida, mais perdida e mais magoada.

Gosto de pensar que sei julgar o caráter dos outros. Por ter crescido em Los Angeles — um lugar profundamente fascinado pelo conceito de celebridade —, me tornei muito boa em reconhecer as motivações ocultas dos outros garotos e garotas que queriam ser meus amigos. Percebia a falta de sinceridade na hora. Apesar de ter desenvolvido bem cedo essa capacidade de observação, anos depois me vi em um relacionamento cheio de falsidade, obsessão, codependência e outros lances bem barra-pesada. Por mais difícil que seja admitir, hoje em dia eu tenho consciência de que me apaixonei por um personagem no qual ele queria desesperadamente que todos acreditassem. Quando alguém que ocupe qualquer posição de poder (real ou imaginário) escolhe você entre tantas outras, é natural se deixar levar. Em minha situação, havia tantos aspectos intrigantes sobre quem ele era e como seria ficarmos juntos que foi inevitável querer explorá-los. Mas todas as minhas suposições eram baseadas no que eu *achava* que sabia, não na realidade.

Eu me vi presa, me escondendo da dura noção de que havia perdido a mim mesma ao fingir ser o que ele queria. É horrível quando você sente que o relacionamento está errado, mas, em vez de confiar nos instintos, você decide que o problema está em você e que é mais fácil culpar a si mesma. *Está tudo ótimo. Ele é ótimo. Eu estou bem. Ele está certo. Eu estou errada. Eu cometi um erro. A culpa é minha.*

A dor não era óbvia no começo. Eu estava completamente envolvida com ele, conosco, naquele êxtase de lua-de-mel. Estava concentrada em ser perfeita para ele, em ser feliz o tempo todo, em nunca dar nenhum motivo para ele ir embora. Mas, quanto mais eu silenciava minha voz ao lado desse cara, mais isolada ficava. À medida que me afastava dos amigos, me reconhecia cada vez menos. Amigos esses que muitas vezes tentaram abrir meus olhos para o que estava acontecendo e me ajudar, mas eu não dava ouvidos. Não queria acreditar que meu namorado estava me enganando e me fazendo pensar que era alguém que não era.

Nossa história de amor progrediu com muita rapidez, e nenhum de nós dois foi tímido em relação ao que sentia. O começo era pura expectativa, frio na barriga. Por um tempo foi divertido manter as coisas em segredo, só entre nós. Trocávamos mensagens e falávamos ao telefone o tempo todo, como qualquer outro casal perdidamente apaixonado.

As brigas começaram alguns meses depois. Eu comecei a ver um lado muito diferente dele: ele era áspero, usava um tom depreciativo, me repreendia verbalmente. Lidávamos com esses problemas em nosso dia a dia, mas ao mesmo tempo ele vivia mandando cartas que falavam de um amor intenso e obsessivo para compensar seu comportamento. Uma vez ele escreveu que não sabia o que faria sem mim e que isso o assustava. O que uma garota deve fazer quando lê isso? Claro que havia uma sensação de segurança por saber que era de mim que ele precisava, e que havia algo em mim que o fazia se sentir seguro e amado. Mas isso também trazia uma imensa inquietude. Me sentia hipócrita porque, por um lado, eu *queria* toda aquela atenção. Mesmo assim, ele era tão intenso que eu me sentia assustada, claustrofóbica e sem controle. Mesmo assim, eu o amava e não conseguia me imaginar sem ele, então ignorei os alertas, concluindo que essas coisas se resolveriam por si sós.

Só que as coisas continuaram a piorar, e eu não sentia mais a "segurança" que me ajudara a justificar o fato de aguentar tais abusos. Seus velhos hábitos superavam qualquer segurança passada nas cartas, e ele tinha voltado a me dizer o que eu podia ou não fazer, o que devia ou não vestir — tudo o que eu fazia era "inapropriado", uma palavra que me assombra até hoje. Ele gritava comigo, me chamava de coisas horríveis, como burra, cega, idiota, egoísta e vadia. Fazia com que me sentisse indigna, inferior e, sinceramente, uma merda. Uma noite, ele me mandou "me foder" ao telefone, e desligou depois de dizer que nem valia a pena falar comigo.

Ele silenciou qualquer voz que achei que tinha, tanto interna quanto externamente. À medida que minhas opiniões eram desconsideradas e meus sentimentos desprezados, meu corpo enfraquecia. Eu tinha ataques de pânico durante os quais sentia que meu coração iria sair do peito. Deitada no chão, eu chorava e perdia o ar. O estresse era tanto que desenvolvi alergias e acne. Eu me vi duvidando de todos os meus pensamentos e de todas as escolhas que fazia. Estarmos juntos significava basicamente me esconder em sua casa com as cortinas fechadas. Embora meus amigos íntimos e minha família soubessem que estávamos juntos, ainda parecia que tínhamos de manter segredo. Aqueles dias leves e divertidos, aquela intimidade reservada do começo do relacionamento tinham desaparecido havia muito tempo. Não era mais empolgante viver nos escondendo, na constante ansiedade de sermos "descobertos". Eu não queria demonstrações públicas de amor. Apenas andar de mãos dadas teria sido o bastante.

Eu tinha me isolado completamente, tornado meu mundo muito pequeno. *Ele* se tornara meu mundo e me fazia sentir que o único lugar para mim era a seu lado. Eu era desencorajada de ver certas pessoas, sobretudo outros caras de quem eu era amiga havia anos. Qualquer vida social que não envolvesse ele ou seus amigos era inaceitável. Até meu relacionamento com minha mãe, que significa tudo para mim, foi dificultado. Eu fiquei por conta própria, mas não como uma mulher forte e independente. Eu era a definição de codependente. E o pior de tudo: passei a morrer de medo de que, se o deixasse, não teria nada. Não seria nada.

Nunca vou esquecer o momento que as ameaças verbais aumentaram e sinais de violência física começaram a aparecer. Ele tinha se tornado um cara nervoso e voltado a me agredir verbalmente, até que no meio de uma briga estendeu a mão e me segurou pelo pescoço. Parte de mim acha estranho sequer chamar aquilo de estrangulamento, porque não consigo imaginar essa pessoa fazendo uma coisa dessas, mas, mesmo assim, foi extremamente ameaçador. Aquilo me abalou profundamente e foi o que, enfim, me fez perceber. Pessoas próximas já haviam demonstrado preocupação em relação a seu comportamento: achavam que não éramos compatíveis. Mas essas conclusões eram baseadas em impressões superficiais, nunca relacionadas ao que acontecia a portas fechadas e que apenas nós dois sabíamos. Esse incidente me deixou assustada e confusa. Eu queria pedir ajuda aos amigos que já haviam se manifestado, mas não queria expor o que estava acontecendo de verdade, ou causar problemas para meu namorado. Também não queria que essas pessoas pensassem mal de mim por estar naquela situação.

Foi minha mãe quem finalmente me encorajou a conversar com uma amiga muito querida que anos antes estivera em um relacionamento parecido. Conversamos por algumas horas sobre nossa experiência em comum. Ao final, ela me olhou de um jeito muito intenso e disse: "Quando alguém demonstrar quem realmente é, acredite." Quando ouvi essa simples declaração — originalmente cunhada por Maya Angelou — tudo se encaixou.

Meu namorado era um cara inconstante, que me menosprezava, xingava e falava comigo aos gritos. Essas atitudes tinham me mostrado de forma consistente quem ele era, mas, mesmo assim, eu continuava tentando me convencer de que poderia mudá-lo. Achei que, sendo uma namorada melhor, seria capaz de torná-lo menos irritado, menos exigente, menos agressivo. Mas isso não era verdade. Talvez as coisas ficassem mais fáceis por um dia, uma semana, talvez até um mês. Mas, tendo em vista que ele era capaz de me inferiorizar, de me fazer duvidar de mim mesma, de meu coração, do instinto e do intelecto, definitivamente não era a pessoa com quem eu deveria ficar.

Pouco depois dessa discussão, terminei o namoro e não nos falamos por um tempo. Entretanto — e sei que muitos de vocês vão ficar chocados quando eu disser isso — ele me convenceu, depois de passarmos um tempo separados, de que devíamos falar sobre tudo aquilo cara a cara. Foi o que fizemos e, durante a conversa, descobrimos que ambos tínhamos feito uma autorreflexão para encontrar um jeito melhor de seguir em frente. Decidimos tentar de novo. Eu planejava falar mais o que pensava, e ele seria mais atento e compreensivo.

Eu estava animada para colocar essas novas promessas em prática, e me sentia madura por termos falado tão aberta e honestamente sobre nosso futuro. Tínhamos dado um passo na direção certa. Ou pelo menos foi o que pensei.

Pareceu dar certo, porque voltamos a ficar totalmente apaixonados. Ele vivia dizendo o quanto me amava, afastando qualquer dúvida de que eu era digna de sua afeição, e frisava que ninguém nunca me amaria como ele. Eu me sentia importante e insubstituível. Sim, havia pequenos problemas aqui e ali, mas às vezes parecia que os meses anteriores tinham desaparecido e ele era uma pessoa diferente. Aqueles momentos de esperança, de um futuro maravilhoso à frente, eram o que me mantinha motivada a continuar tentando.

Mas, apesar de todos os nossos esforços, os velhos hábitos reapareceram enfim e as coisas voltaram a ser como antes. Chegamos a um ponto em que ser cortejada com presentes, declarações e amor deixou de ser o bastante. Quaisquer palavras e gestos perderam sentido, e percebi que suas ameaças eram vazias.

Estava na hora de outra intervenção, mas dessa vez por telefone e com a ajuda de minha mãe e dos amigos. Eles me imploraram para voltar a dar valor a mim mesma e enxergar um futuro no qual esses problemas não existiriam mais. Fizeram com que eu me lembrasse de quem eu sou e inspiraram uma força interior havia muito enfraquecida. De coração aberto, finalmente lhes dei ouvidos. Minutos depois de desligar o telefone, terminei para sempre o que eu e ele tínhamos — um relacionamento a ser eternamente lembrado como aquele em que desapareci.

Por que suportei aquela situação? Por que permaneci nela? Porque, no final das contas, ele demonstrava amor — ou pelo menos o que eu achava ser amor. Ele agia como se sua crueldade nunca tivesse acontecido, como se eu tivesse exagerado em relação a tudo. Ou simplesmente pedia desculpas sem parar. Sempre que isso acontecia, eu ficava desgastada, então começou a parecer normal e, de certa forma, esperado. Eu nunca sabia que versão dele encontraria, então vivia em um constante estado de medo e incerteza — algo que se tornou normal e, além disso, confortável. Por mais doentio que possa parecer, durante os períodos bons, comecei a acreditar que ninguém jamais me amaria tanto nem me trataria tão bem quanto ele. Como acabei descobrindo, esse era um sintoma de quem passa pelo mais alto grau de manipulação psicológica.

Eu e ele nos amávamos. Eu achava que precisava dele para me completar, para sobreviver, porque era nisso que ele queria que eu acreditasse. Sentia medo de dizer adeus; medo de que ele ainda me dominasse mesmo que não estivéssemos mais juntos — que fosse capaz de controlar minhas decisões e meus futuros relacionamentos. Hoje sei que nunca vou precisar de ninguém para me sentir completa. Eu me basto. Só que naquele tempo, infelizmente, eu ainda não tinha aprendido essa lição.

Meu instinto me disse muitas vezes que aquela situação não estava certa. Mas eu sempre me convencia de que era *eu* que precisava me empenhar mais no relacionamento para que ele não duvidasse de mim, não ficasse zangado ou brigasse comigo. Agora vejo que meu namorado estava lidando com uma crise de identidade e suas inseguranças, coisas que ele projetava em mim. Ao controlar *a mim*, ele conseguia esquecer o fato de que não era capaz de controlar os próprios pensamentos. Ele não era feliz consigo mesmo, então tentava me fazer sentir o mesmo. Mas eu estava tão envolvida na situação, queria tanto ser aceita e desejada por aquela pessoa, que não tinha coragem de me impor. Só quando cheguei ao limite, quando meu corpo parecia falhar, finalmente reconheci que precisava terminar.

Sabendo o que sei hoje — como é ser realmente adorada, amada e respeitada não só por outra pessoa, como também por mim mesma —, acho um mistério ter ficado presa nessas inseguranças por tanto tempo. Agora, olhando para trás, percebo: eu não me valorizava o suficiente. Não acreditava que ser como eu era bastava. Eu era fraca demais para saber que não há problema em discordar de um namorado. Não há nada de errado em me colocar e defender minhas opiniões. A capacidade de nos expressarmos em qualquer relacionamento nunca deveria ser considerada uma espécie de reclamação. Eu não preciso ter medo de que dizer tal coisa fará o outro partir. E, para ser sincera, se a pessoa for embora, por que eu desejaria ficar com ela, afinal?

Não me arrependo de nenhuma das decisões que tomei ou das pessoas com quem escolhi ficar, já que acredito verdadeiramente que nada acontece por acaso. Às vezes precisamos experimentar algo desagradável para saber do que gostamos. Precisamos estar com a pessoa errada para reconhecer a certa, identificar a forma com que devemos ser tratadas e o respeito que merecemos. Esse namorado específico — e alguns que vieram depois — me ensinou mais sobre mim mesma do que eu poderia imaginar.

Violência emocional não é algo que deva ser levado na brincadeira. É extremamente perigoso e degradante vivenciar esse tipo de experiência, e muito mais comum do que eu imaginava. Para mim, a parte mais difícil de estar em um relacionamento como aquele foi o fato de me encontrar tão profundamente imersa na escuridão que não tenha conseguido enxergar a luz. Eu estava tão apaixonada e cega pelo fato de aquele cara ter me escolhido entre todas as outras que me sentia obrigada a ser exatamente como ele gostaria, ou ele ia me deixar.

O mantra de minha amiga, "Quando alguém demonstrar quem realmente é, acredite," continua a ressoar alto em meus ouvidos e mudou minha vida. Quanto mais o entoo, mais me lembro do quão fácil é ser enganada, enrolada, acreditar em mentiras. Embora eu tenha precisado passar por uma recaída no relacionamento para que o conselho realmente fizesse sentido, desde então o digeri por completo. E, quanto mais forte me torno, mais fácil é sair desse tipo de situação e terminá-la antes de me aprofundar demais. Porque aprendi que esse comportamento não é exclusivo dos relacionamentos amorosos. Ele existe em todos os âmbitos da vida. Os sentimentos que experimentei, o abuso e a manipulação que enfrentei, podem ser vivenciados nas demais interações com pessoas que amo, com quem trabalho e até indivíduos aleatórios que conheço na rua. O mundo é feito de todo tipo de gente, e nem sempre vou me dar bem com todos. Desde que eu saiba que posso escolher a forma de interagir e até que ponto permito que me afetem, os outros não podem me desanimar nem apagar minha luz. Nenhum relacionamento é mais importante que o que tenho comigo mesma. Só preciso confiar em mim mesma, seguir meus instintos e, quando alguém demonstrar quem realmente é, acreditar.

Você merece felicidade
Você merece ser amado como
ama os outros
Você merece tudo.

3

ACEITAMOS O AMOR QUE ACREDITAMOS MERECER

Uma carta para lembrar que todos nós merecemos ser tratados com gentileza e respeito. E que nunca devemos aceitar nada menos que isso, independentemente de como fomos tratados no passado. Esta página pode ser arrancada e guardada na carteira, colada em sua parede ou espelho ou simplesmente lida uma vez e guardada para um dia difícil.

Nota para mim mesma:

Sei que às vezes é muito difícil me amar, mas juro sempre me esforçar ao máximo. Às vezes, sinto que não sou boa ou forte o bastante, ou simplesmente que não sou o bastante.

Esses são os dias mais difíceis. São eles que testam minhas maiores fraquezas e provocam dúvida, estresse e tristeza. Mas, sobretudo, são eles que aumentam minha força interior e definem a verdadeira consciência de mim mesma. Não importa o que eu tenha enfrentado no passado, as coisas às quais me expus, ou o que os outros tenham feito comigo — tenho a capacidade e a força de vontade para seguir em frente. Não vou desistir. Não vou desvalorizar nem subestimar minhas habilidades. Não posso desejar que outra pessoa seja tudo para mim ou depender dela para me sentir completa. Eu já sou completa. Não são minhas experiências de vida que me definem, e sim a maneira com que permito que afetem a mim e a meu comportamento diante de cada situação. Não é só porque alguém me trata mal que sou uma pessoa ruim ou sem valor. E não significa que eu devo devolver na mesma moeda. Sei que me senti abandonada, envergonhada e decepcionada. Sei que fui magoada. Também sei que magoei a mim mesma para desviar a atenção da dor que me causaram. Mas isso não ajuda em nada. Não muda a outra pessoa e certamente não apaga o que aconteceu. Preciso abrir os olhos e deixar a luz entrar. Sei que a escuridão pode se tornar muito confortável, normal e esperada. Mas não precisa ser assim. E, ao mesmo tempo, devo reconhecer que esses períodos sombrios são importantes e nem de todo ruins: sem eles não tenho como reconhecer a luz. Quando outra pessoa lança sua escuridão sobre mim, posso usá-la para aprender e crescer. Eu não devo me prender às coisas que os outros dizem ou ao jeito que me fazem sentir. Suas palavras não são verdadeiras nem gentis e mereço que me tratem com gentileza. As ações dos outros não me definem porque não são um reflexo de meu valor. Na verdade, elas falam muito mais sobre quem são esses indivíduos que sobre mim. Quando eu amo, amo de verdade. E não vou deixar ninguém pisar em meu coração. Não vou me convencer de que essa pessoa foi ou é a única que vai me amar. Isso não é amor. O amor não causa essa sensação, e preciso me ater ao fato de que existe alguém por aí que vai me mostrar o que é um amor real e honesto. Que vai me respeitar e me aceitar como sou em vez de tentar me inferiorizar. Para encontrar essa pessoa e me abrir para ela, primeiro preciso acreditar em mim mesma e conhecer meu próprio valor. Não é egoísta querer essas coisas e pensar nelas. Eu mereço a felicidade. Preciso me perdoar por ter estado em algumas das situações em que estive. Por ter ficado. Por ter aceitado menos que mereço. O que passei não é de forma alguma motivo para me envergonhar, e perdoar a mim mesma é tão importante quanto perdoar os outros. Agora sei que mereço ser a versão mais feliz e realizada de mim mesma. E prometo usar minhas experiências para continuar a crescer, curar minhas feridas e expandir meus horizontes. Tudo começa comigo. Para aceitar o amor que mereço de outra pessoa, preciso acreditar que sou digna dele. E eu sou. Por isso nunca aceitarei ouvir o contrário.

Eu me valorizo. Eu me respeito. Eu me admiro. Eu me aceito. Eu me amo. Sempre e eternamente.

Beijos,
Eu

O amor vai te encontrar
de novo.
E você nunca, jamais, pode
mudar por ninguém, nem
mudar para consertar o
relacionamento.
Então, se não é saudável,
diga adeus.

4

GRANDES ATOS DE DESAPARECIMENTO

Preciso admitir que sou completamente obcecada por mágica. Sempre adorei e sempre vou adorar qualquer coisa que envolva o sobrenatural — de filmes a apresentações ao vivo, de Harry Potter a *O sexto sentido*. Sou fascinada pelo inexplicável e pela forma com que os ilusionistas fazem seus truques. Mas, desde que comecei a namorar, conheci um tipo completamente novo de truque, que vários caras dominam. É algo que gosto de chamar de Grande Ato de Desaparecimento. Não requer fantasias nem apetrechos, enigmas ou palavras mágicas — apenas duas pessoas que aparentemente estejam se dando bem e começando algum tipo de relacionamento... até o momento que uma delas simplesmente... PUF!... desaparece. Esse truque também é chamado de "chá de sumiço", caso o termo seja mais familiar a você.

De todos os truques de mágica que tentei entender ao longo dos anos, esse foi o mais difícil. Passadas tantas coisas, qualquer um acharia que sou capaz de antecipá-lo, mas não. Nunca. E essa é a pior parte: raramente percebemos que está para acontecer, e aí ficamos na dúvida, eventualmente culpando a nós mesmos pela falta de maturidade da outra pessoa.

Minha primeira experiência com o chá de sumiço foi clássica: estava saindo com o cara até que, de repente, ele literalmente parou de se comunicar. Um dia estávamos juntos; no outro, ele sumiu. Claro que fiquei confusa e presumi que tinha feito algo errado. Mas, como não queria parecer carente ou ansiosa, deixei para lá. Passei algumas semanas sem vê-lo ou ter notícias, até que, do nada, nos esbarramos. Eu não quis tocar no assunto nem criar uma cena, mas não podia ficar calada! Então o confrontei de um jeito muito calmo e perguntei o que havia acontecido, já que tudo parecia perfeitamente bem antes de seu sumiço. Ele agiu com indiferença, dizendo que entraria em contato naquela semana para explicar tudo — disse que me devia isso. Bem, como vocês podem imaginar... ele não ligou.

Corta para dois anos depois. Encontro esse mesmo cara, e ele me chama para sair de novo. O problema é que estou muito familiarizada com aquele dito "Se me enganar uma vez, a culpa é sua; se me enganar duas, a culpa é minha." Mas também gosto de tentar enxergar o lado bom das pessoas e dar a elas o benefício da dúvida. Então, quando ele me disse que tinha amadurecido e que sentia muito sobre o jeito com que lidara com as coisas no passado, eu acreditei. Achei de verdade que ele havia mudado. Começamos a nos encontrar casualmente. Eu estava muito mais segura dessa vez, sem medo de dar voz a minhas opiniões e sentimentos, o que fazia uma diferença enorme. Uma noite ele me deu o bolo e depois mandou uma mensagem sugerindo que saíssemos horas depois do que tínhamos planejado. Eu falei que já estava muito tarde e que ele tinha agido mal. Em uma hora ele bateu à minha porta com flores para se desculpar. Então presumi que as coisas estavam indo por um caminho positivo! Bem... mas só até descobrir que ele também estava trocando mensagens com uma amiga minha, tentando chamá-la para sair. Nem. Um. Pouco. Legal. Eu o confrontei, e a resposta foi "ela é só uma amiga". Quando ela me mostrou as mensagens ficou claro que nenhum cara mandaria aquele tipo de coisa para uma "amiga". Eu podia ter aceitado a desculpa na primeira vez, mas na segunda eu já estava farta. Ele prometeu que ligaria no dia seguinte, marcando para ir até minha casa e conversarmos. É claro que me deu OUTRO bolo e que até hoje continuo sem notícias. Acho que dá para dizer que levei dois chás de sumiço do mesmo cara. Fique à vontade para pensar nisso na próxima vez que estiver chateado por causa de alguém!

Minha segunda experiência com o chá de sumiço foi depois de um relacionamento mais sério. Eu tinha aprendido muito sobre mim mesma durante o tempo que passara com ele, e tínhamos chegado a um ponto em que precisava expressar algumas preocupações bem reais sobre possíveis vícios por ele enfrentados. Fiz isso de um jeito bem informal, sensível, mas com pulso. Fiquei muito orgulhosa de mim mesma pela coragem de falar aquelas coisas e por me conhecer o suficiente para identificar meus próprios limites. Depois de me ouvir, ele sugeriu que tirássemos um tempo para pensar e depois conversássemos. Respeitei o pedido. Possivelmente ele precisava digerir o que eu dissera. Eu precisava descobrir para onde podíamos ir a partir dali.

Mas acho que nunca saberei, já que o cara nunca mais falou comigo! E dessa segunda vez realmente foi horrível. Conforme os meses se passaram e meus recados de voz e mensagens de texto não eram respondidos, fui ficando confusa e devastada. Mas serviu para abrir meus olhos. Embora eu vá amar esse cara para sempre e apoiá-lo no que quer que ele precise, precisei abrir mão dele. Porque, se ele não conseguia admitir os próprios sentimentos, assumir as próprias responsabilidades e encontrar um meio-termo comigo para discutir as coisas... isso era tudo o que eu precisava saber.

Uma aventura mais recente de chá de sumiço foi com uma pessoa que deu zero indicação de ser qualquer outra coisa que não um perfeito cavalheiro. Passamos algumas semanas saindo

HMMM, ALÔÔÔÔ? EU DEVERIA TER PERCEBIDO NAQUELA ÉPOCA QUE O SILÊNCIO ERA UM SINAL.

regularmente para fazer coisas divertidas, e em clima de aventura, até que, na manhã seguinte a um encontro incrível, recebi A Mensagem. Entendi que ele não queria um relacionamento sério (coisa que nem eu queria, por sinal), mas eu também tinha algumas coisas a dizer. Coisas que eu queria dizer cara a cara, e não por mensagem. MAS VOCÊ ACHA QUE EU TIVE ESSA CHANCE? Nem pensar! Não tive qualquer notícia. O cara teve a oportunidade de dizer exatamente o que queria, e depois desapareceu por completo. Não é injusto? Meus sentimentos e o que eu precisava dizer foram completamente desconsiderados e ignorados. Fiquei magoada, decepcionada e, mais uma vez, tinha sido desrespeitada. Então cansei. Por sorte, semanas depois encontrei com o cara em uma festa e, com ódio, aproveitei a oportunidade para confrontá-lo. Sorrindo, perguntei casualmente o que havia acontecido, e ele respondeu, "Em relação a quê?" Hmm... NÓS DOIS? ALÔ? Eu o olhei de um jeito irônico, repetindo a pergunta, mas ele disse que aquele não era o momento e se afastou. Bem, eu não ia deixar acabar daquele jeito, então me aproximei de novo e disse que não estava tentando causar nenhum constrangimento, apenas atestar o óbvio. Ele começou dando desculpas — mas se interrompeu e perguntou se podíamos nos encontrar para que ele explicasse tudo. Ele queria que eu soubesse, achava que eu merecia entender (o que eu realmente merecia). No final das contas tinha sido só da boca pra fora. Digamos apenas que desisti de esperar. Mas, sinceramente, me senti muito melhor por ao menos ter tido a oportunidade de falar e a coragem de lidar com aquilo da forma como lidei. Não posso fazer nada se o cara era um covarde.

Se prestarmos atenção, há um padrão claro aqui: no segundo em que eu confrontei todas as bobagens que os caras estavam fazendo, ou me defendi e expressei meus sentimentos, todos fugiram. É como se eles simplesmente não aguentassem ser questionados e, em vez agir com maturidade e ter uma conversa racional, preferiram o silêncio. Um silêncio bastante eloquente, diga-se de passagem. Fez com que eu percebesse qual o tipo de cara com quem eu não queria me relacionar. Mesmo assim, comecei a acreditar que tinha de me proteger no futuro. Quanto mais esse tipo de coisa acontecia, mais sensível eu me tornava, e mais duvidava de mim mesma. Porque, ao pensar que o denominador comum em todas aquelas situações era eu, automaticamente concluí que era eu o problema. Mas sejamos claros: nunca somos nós o problema nesse tipo de situação — são eles. Juro.

Além do desaparecimento repentino, existe também um fenômeno que chamo de chá de sumiço emocional, que acontece quando alguém está fisicamente presente, mas não está emocionalmente conectado a você. Às vezes isso pode ser pior que o chá de sumiço clássico. Eles nos veem, mas não ouvem o que dizemos, muito menos o significado disso. Acho que também podemos chamar de audição seletiva, o que tenho certeza de que todos nós já enfrentamos. Com esse cara que namorei, eu dizia uma coisa e, embora respondesse, ele nunca chegava a lidar verdadeiramente com as questões que eu colocava. As respostas evasivas que ele oferecia eram suficientes apenas para manter uma conversa sem chegar a se envolver. O fato de ele me ignorar era intencional ou resultado de ele estar o tempo todo no celular. O que também não era nada legal porque "OLÁ, EU ESTOU AQUI!"

Teve também a vez em que fiquei bastante preocupada com um ex em reabilitação. Depois de vê-lo lutar contra o vício no passado, minha intuição feminina bateu e senti que ele ainda combatia alguns de seus demônios. Depois de tentar expressar minha preocupação várias vezes, me pareceu que ele estava se afastando. Embora ouvisse minhas palavras do outro lado da linha, ou até mesmo sentado diante de mim, o cara não me escutava. Ele não permitia que eu me conectasse nem dava a chance de termos uma conversa de verdade. Era como se eu estivesse tentando tocá-lo e, quando estava prestes a pegar sua mão, meu braço passasse através de seu corpo, como se ele fosse um fantasma.

UM DIA VAI ACONTECER. SÓ ESPERO NÃO LEVAR
UM CHÁ DE SUMIÇO NO ALTAR.

Passei um bom tempo me tornando o lado quieto em relacionamentos. Fosse por escolha ou porque um ex insistia que eu fosse assim. Quanto mais velha ficava e quanto mais me impunha, no entanto, mais os caras começaram a desaparecer. Eu tomava coragem e me sentia confiante o suficiente para ser verdadeira, e PUF. É difícil admitir, mas essa cadeia de eventos prejudica um pouco minha capacidade de seguir em frente e procurar outro amor. Há sempre o medo de que isso se repita. Mas não podemos perder a esperança, certo? O amor vai encontrar você de novo. E você nunca, jamais pode mudar por alguém ou para consertar um relacionamento. Se não estiver vivendo uma troca saudável, diga adeus. Seja fiel a quem você é em todos os sentidos, e, se a verdadeira garota que você é for alguém como eu, que quer usar a própria voz e enfrentar as coisas de frente, em algum momento vai aparecer a pessoa certa. Alguém que vai respeitar esse confronto e considerá-la empoderada, atraente e sexy.

Há uma felicidade maior a ser alcançada: a de me divertir ao máximo durante a única vida que tenho e de me aceitar como sou.

5

MINHA BATALHA
PELA PERFEIÇÃO

Todos precisamos comer para sobreviver — vale para qualquer pessoa. Mas é a maneira com que nos relacionamos com a comida que define nossas diferenças.

Nunca tive problemas em comer qualquer coisa, seja na infância, na Inglaterra, ou mais tarde, já morando em Los Angeles. Naquela época, nunca questionava meus desejos ou pensava duas vezes ao pedir uma sobremesa. Eu era uma criança normal; estava em fase de crescimento, era saudável. Ninguém me deixava constrangida nem me fazia duvidar de que eu era bonita. Por isso é difícil entender como caí em uma armadilha tão funda anos depois — uma da qual venho tentando me livrar lenta e constantemente desde então.

Tenho lembranças maravilhosas associadas a comida no ensino fundamental: almoços, jantares, brincadeiras na casa de amigas, comemorações do Halloween, partidas esportivas. Mas essas associações positivas foram perdendo a força quando fiz 16 anos. Não só comecei a me considerar diferente fisicamente, como também a limitar minha felicidade ao controlar meus hábitos alimentares. Na época, meu pai estava se separando de minha madrasta, e eu chegara ao meio do ensino médio, equilibrando uma carga de trabalho pesada, vida social, o começo de uma carreira de modelo e atriz. Eu fazia muitas coisas ao mesmo tempo, e minha vida parecia desgovernada. Eu não conseguia lidar com a dor e a confusão que cercavam o divórcio de meu pai, e não era fácil equilibrar adolescência e investimento em duas carreiras adultas — ambas escolhidas por mim mesma, mas que também se concentravam muito na aparência.

Como se o ensino médio já não fosse uma montanha-russa para a autoconfiança, essas pressões extras pioraram as coisas. Sempre gostei de esportes, mas no ensino médio saí de todos os times de que participava e comecei a me exercitar sozinha. Se não tivesse uma reunião ou audição depois da aula, ia direto para a academia e ficava uma hora e meia malhando. Por um lado, o exercício era algo que eu associava a estresse, já que ficava extremamente ansiosa se não pudesse comparecer ao treino. Por outro, no segundo que começava a suar, eu tinha uma sensação se relaxamento, calma e controle — controle sobre meu horário de treinos, minha rotina diária, quanta energia eu usava, o que comia e quantas calorias queimava. Tudo o que, no final das contas, me permitia controlar a aparência. Por mais triste que pareça, eu me satisfazia com essa forma de pensar. Comecei a ficar mais parecida com o que julgava ser o ideal para estar diante das câmeras e ao mesmo tempo entorpecia meus sentimentos sobre tudo o mais em minha vida. O exercício se tornou uma forma de automedicação.

Apesar das incontáveis horas na academia, eu ainda limitava o que e quanto me permitia comer no horário da escola. Eu basicamente morria de fome, comendo apenas quando eu sabia as calorias exatas de cada alimento. Raramente me desviava do "cardápio". E, quando tinha algum desejo intenso, optava por chiclete, às vezes vários pacotes de uma só vez. Caso você não saiba, chiclete é péssimo para o estômago; pode ser gostoso na hora, mas não funciona como remédio para a fome. Foi assim que me viciei em chicletes e café em um nível de dependência tão intenso que meus amigos brincavam que nunca me viam sem eles. Quando chegava da escola, fazia um lanchinho (que inevitavelmente queimava na academia posteriormente). Depois vinha o jantar, onde normalmente era servida a comida preparada por minha mãe, que eu adorava desde pequena. Diante de minhas restrições autoimpostas, certas coisas que ela fazia não eram mais "permitidas". Eu sempre pedia as mesmas opções porque sabia quantas calorias tinham. Se por acaso ela não me atendesse e preparasse algo inesperado, eu tinha um ataque de pânico silencioso. Se saíamos para jantar, eu pedia o mínimo, e apenas de certas seções do menu. Acabou virando uma chatice cozinhar para mim ou sair comigo.

A princípio, nem minha mãe nem meus amigos notaram meu problema, tendo em vista que foi um processo muito lento e não comecei a perder peso imediatamente. O que teria sido maravilhoso, vale dizer. Se eu pudesse ter derretido toda a gordura com um estalar de dedos, teria sido a garota mais feliz do mundo. Mas, à medida que eu emagrecia, mais gente começou a perceber. Eu ficava lisonjeada com os olhares e comentários. Achava que estava linda, e, se alguém dizia algo negativo, eu presumia ser por inveja. Achava que todos queriam ser magros como eu. Meu foco passou a ser perder peso e alcançar minha versão de perfeição. Nesse momento começava verdadeiramente minha batalha contra a anorexia. Os dias que a comida era associada à alegria haviam ficado no passado. Sair para jantar com amigos me assustava, porque eu não sabia o que pedir e como evitar ser descoberta.

Desde pequena, sempre precisei comer tudo o que estivesse no prato para me sentir mentalmente satisfeita, mesmo que fisicamente já tivesse comido o bastante. Quando o transtorno começou, essa necessidade ainda existia. Se eu tivesse parado totalmente de comer, além de passar fome eu teria levantado suspeitas em meus amigos e família. Desse modo, tudo o que eu pedia tinha de ser supersaudável e super sem graça. Eu já não dividia mais os pratos com alguém ou experimentava coisas diferentes. Comer deixou de ser um evento social divertido e passou a ser uma tarefa e uma punição. Eu passava o tempo todo exausta, ansiosa e irritada. Com certeza não era a melhor das companhias, mas meu plano estava dando certo. Eu estava no controle. Estava magra! E, na época, era isso o que importava para mim.

Meu vício por remédios de emagrecimento e laxantes também começou quando eu tinha uns 16 e continuou até os 20 e poucos. Uma garota que eu conhecia estava falando muito bem de uns comprimidos energéticos que aceleravam o metabolismo e alegavam derreter a gordura. Ela os tinha ganhado da própria mãe, o que na época achei muito legal, mas agora percebo ser extremamente doentio. Eu sabia que minha mãe não aprovaria algo assim, então comecei a comprar as pílulas em segredo na farmácia e escondê-las pelo quarto. Minha mãe só descobriria meu vício anos depois, ao encontrar caixas vazias e frascos esquecidos no fundo dos armários de meu banheiro. Por mais que eu quisesse acreditar que esses remédios me ajudavam, eles faziam meu coração bater mais rápido que o humanamente possível e me causavam dores de cabeça horríveis. Eu me lembro de um dia em que tomara alguns comprimidos na escola enquanto esperava a aula começar. Precisei me sentar porque não enxergava direito, e minha cabeça parecia prestes a explodir. Eu não conseguia me concentrar e estava muito agitada. Acabei me acostumando totalmente a esses ciclos que duravam semanas — altos extremos e baixos exaustivos.

Para piorar, comecei a comer demais e vomitar. A bulimia foi outra forma que encontrei para assumir o controle durante uma época emocionalmente instável de minha vida. Às vezes eu prometia que ia parar de me punir daquele jeito, mas então sentia um desejo intenso por alguma comida e me entupia. O que significava que eu precisaria vomitar. Eu via as coisas como tudo ou nada. Eu me proibia de sequer provar certos alimentos, morrendo de medo de comê-los em excesso. Mas depois ia ao supermercado tarde da noite e comprava todo tipo de besteira possível, voltava para o quarto e comia sem parar. Eu matava caixas de cookies, potes de sorvete, cupcakes, fatias de bolo, depois ia para o banheiro e vomitava tudo. Comecei usando uma escova de dentes, depois um palito de cabelo e, finalmente, evoluí para o dedo. Se conseguisse vomitar tudo, a sessão tinha sido "bem-sucedida". Mas, se percebesse que nem tudo tinha saído, eu entrava em pânico. Em geral, isso acontecia quando eu comia rápido demais sem beber nada. Eu começava a chorar no chão, enfiando a mão na garganta e tentando desesperadamente criar uma ânsia de vômito e expelir o restante do que me permitira comer.

Eu me odiava por isso. Mas também me sentia realizada por ter matado o desejo sem precisar "sofrer" as consequências externas. Podia comer um monte de açúcar e gordura sem ficar gorda. O mais louco é que eu estava causando muito mais danos a mim mesma do que imaginava. Juntando a fome, os remédios para emagrecer, os laxantes e o vômito, eu não só perdi toda a energia, como também meu corpo começou a falhar. Meu cabelo e unhas perderam o brilho e se tornaram quebradiços. Minha garganta ardia, e meu esôfago doía. Minha menstruação parou de vir por alguns anos, e fiquei morrendo de medo de ter destruído minha capacidade de ter filhos. Eu estava convencida de que tinha me estragado a ponto de não ter mais conserto, mas me recusava a reconhecer esse medo o suficiente para fazer um check-up. Quanto mais eu adiava, mais tempo minha negação podia continuar e maior seria a "perfeição" que eu podia atingir. Eu tinha medo de ficar gorda. De não ter mais aquela imagem "perfeita". Eu sabia que tinha um problema sério e que havia um jeito melhor de viver. Mas não conseguia parar. E pior, não queria.

Só que, em determinado momento, a escola precisou intervir. Meu orientador educacional disse a minha mãe e a mim que, se eu não apresentasse um atestado médico dizendo que meu peso não apresentava risco físico, eu não teria permissão de voltar à escola. A caminho da eventual consulta, morrendo de medo de que o número baixo na balança ditasse meu futuro, parei no Starbucks e comi alguns doces folhados para aumentar o marcador da balança. O pânico só bateu mais tarde quando, ao chegar em casa, me dei conta de toda aquela quantidade de carboidratos e açúcar no estômago e do fato de ser tarde demais para me livrar deles. No final, tenho certeza de que, por ter comido tudo aquilo, eu pesei apenas o suficiente para não estar tecnicamente em perigo e recebi o atestado todo-poderoso do médico. Pude continuar negando meu problema na escola e seguindo minha trilha secreta rumo à autodestruição.

Outra lembrança dessa época é de uma viagem à Inglaterra. Eu e minha mãe estávamos voltando para casa quando, de repente, ela quis visitar um lugar. Eu surtei. Tive um miniataque de pânico porque aquilo não estava "no roteiro". Eu tinha me acostumado a fracionar e embalar minha comida, além de regular o que comia, consciente em ingerir apenas as calorias necessárias para atravessar o dia. Quando ela sugeriu a mudança de planos, fiquei sem saber o que fazer. O que não nos impediu de parar. Precisei lidar com aquilo, mas fiquei tão mal-humorada que minha mãe notou. Mas como não notar? Acho que foi um dos primeiros momentos que não consegui controlar minhas reações ou escondê-las de minha mãe. Elas começaram a controlar minha vida e não paravam de vir à tona — até que finalmente explodi.

Durante o tempo que lutei contra esses transtornos, passei por grandes flutuações de peso. Houve períodos em que fiquei supermagra, sendo o pior deles em 2008, e novamente em 2013. Quando eu engordava, sentia que tivera uma recaída e voltava a usar meus métodos para emagrecer. Não houve um programa de manutenção para mim. Nenhuma moderação. Era tudo ou nada, preto ou branco. Nos piores momentos, eu me sentia uma jovem no corpo de uma criança pequena. Eu me sentia pouco feminina, tinha zero desejo sexual. Mas estava tão obcecada e absorvida pela doença que até perguntava a meus irmãos menores, então com 3 anos, se me achavam gorda. Até hoje, não acredito que me rebaixei tanto.

Um dos piores efeitos colaterais de manter e alimentar meus transtornos foi mentir para minha mãe durante anos. Ela não era uma mãe nem um pouco relapsa! Até toda essa horrível provação começar, eu contava tudo a ela e compartilhava todas as minhas inseguranças. Éramos melhores amigas, e esconder algo tão sério foi muito grave. Sei que deve ter sido muito confuso para ela ver a própria filha, que sempre fora autoconfiante e segura, atormentada por duvidar de si mesma. Sei que me ver definhar lhe causou muito medo e desespero. E sei que causei muita tristeza quando ela descobriu o que de fato eu fazia comigo mesma. Ela me considerava alguém que amava malhar e era chata para comer, não alguém que tinha uma obsessão doentia por exercícios e controlava intensamente os hábitos alimentares. Só quando admiti que comia demais e vomitava depois, ela finalmente entendeu todo o espectro de dor que eu infligira a mim mesma. Não foi de surpreender que tenha levado para o lado pessoal, como se não tivesse prestado atenção suficiente em mim. Mas, na verdade, eu mentira e escondera tudo aquilo muito bem. Escondera minha dor. Escondera minhas formas de lidar com ela. E escondera a mim mesma.

Mas agora me recuso a fazer isso. Passei tempo demais afastada de meus amigos e de minha família. Eu menti, guardei segredos e me senti bem com isso. Eu me reconfortava com a dor que causava a mim mesma, e via beleza nas coisas horríveis às quais me obrigava. Perdi tanto tempo preocupada com a aparência e com o controle que podia ter sobre ela que deixei de criar lembranças maravilhosas no ensino médio e aprender o que significa ganhar corpo naturalmente. Durante anos eu não sabia como seria meu biótipo natural. Precisei começar a jornada de me familiarizar novamente com os sinais físicos que antecipam a menstruação, e também à reação de meu corpo a certas comidas — algo que estou descobrindo até hoje. Tive de aprender o conceito de moderação. Um dos dias mais felizes e reconfortantes de que tenho lembrança foi quando finalmente criei coragem de ir à ginecologista fazer um check-up, e a ouvi dizer que eu estava bem e que poderia ter filhos um dia. Eu não estava totalmente quebrada, mesmo depois de tudo o que eu impusera a meu corpo.

Por mais silenciosa que eu já tenha sido a respeito de meus problemas alimentares, de agora em diante juro ser franca e aberta. Não quero que um dia meus filhos se preocupem com isso, como eu me preocupei. Não quero jamais que enfrentem suas ansiedades ou inseguranças sozinhos. Ninguém se sente perfeito o tempo todo. É natural ter dias em que nos olhamos no espelho e desejamos alterar o que está diante de nós. Mas descontar isso no corpo e se punir não é a solução. Nada de bom vem de mentiras, e ser magra não era o que eu queria de verdade. Eu queria me sentir no controle de uma vida insanamente ocupada, e queria me sentir feliz e satisfeita comigo mesma. Assim que percebi que me esconder nunca me aproximaria desses objetivos, me permiti aceitar ajuda e reconhecer que havia algo errado. Enfim dei ouvidos às preocupações de minha mãe e dos amigos e as levei a sério. Em nossas conversas, comecei a me valorizar mais e priorizar as coisas que queria da vida em vez das gratificações instantâneas. Decidi buscar ajuda de um terapeuta para trabalhar algumas questões que não podia mais tentar resolver sozinha. Para quem quer ser alguém que os outros procuram em busca de ajuda, aquele foi um grande passo. Se significava que eu tinha de ser sincera e estar disposta a aceitar ajuda, eu a aceitaria de braços e coração abertos.

A recuperação é um processo contínuo, e vou lidar com meus transtornos pelo resto da vida. Mas agora sei que existe uma felicidade maior neste mundo: a felicidade de me divertir ao máximo durante a única vida que tenho, e de me aceitar como sou enquanto a vivo.

Minha mãe inspirou em
mim uma verdadeira
admiração pela vida, uma
aceitação de quem eu sou
e uma compreensão maior
do que significa ser mãe.

MINHA MÃE:
O MITO, A LENDA

Minha mãe é uma rock star, totalmente destemida. Sempre foi e sempre será. E sinceramente não sei onde eu estaria sem ela. Não se passa um dia em que não perceba como tenho sorte por nosso relacionamento maravilhoso. Ela é minha melhor amiga, minha inspiração, meu exemplo, minha confidente e parceira no crime. Sim, nós irritamos e enlouquecemos uma à outra de vez em quando (como qualquer mãe e filha)... mas tirando isso, eu estaria perdida sem ela.

Por causa do amor de minha mãe por aventura, adquiri uma grande admiração por cultura e uma paixão pela vida. Sempre que estava estudando algum tópico na escola — fosse a história do antigo Egito, elefantes africanos ou outros países, como Índia e Japão —, ela me levava a esses lugares para vivermos juntas novas aventuras e ver tudo em primeira mão. Ela acreditava que o melhor jeito de aprender era imergindo na cultura, vivê-la como os nativos. Nós nos tornamos uma dupla de viajantes profissionais, habilidosas na arte de malas minimalistas e técnicas de sobrevivência.

Em 1999, fomos de trem de Los Angeles a Santa Fe, no Novo México, onde fizemos tours por lugares assombrados e exploramos a cidade e a San Miguel Chapel para um trabalho da escola sobre as missões dos Estados Unidos. Ainda naquele ano, fomos à África, onde aprendemos a ignorar aranhas imensas no teto, atravessamos o território em canoas e jipes sem capota, vimos vários animais lindos e cortamos a selva em um clássico trem a vapor. Comemoramos a chegada do novo milênio no Equador e ficamos em ambos os lados da linha. Em 2001, na selva de Belize, visitamos ruínas, voamos em aviõezinhos muito suspeitos e finalmente aprendemos a pegar escorpiões depois de encontrá-los entre os lençóis diversas vezes.

Nós nos viramos no metrô do Japão em 2003 (apesar de não entendermos uma palavra de japonês), rezamos em templos antigos e visitamos um famoso leilão de peixes em um mercado, às cinco da manhã. Em 2005, visitamos o Taj Mahal e fizemos um cruzeiro em Kerala, na Índia, vendo os habitantes em suas atividades diárias nas margens do rio. Minha mãe comemorou seu aniversário de 50 anos em 2006, realizando o antigo sonho de ver as pirâmides do Egito (o que fizemos de nosso quarto de hotel e, mais tarde, ao subir em uma delas). Visitamos a tumba do faraó Tutancâmon e andamos de camelo pelo deserto. Ela até me observou fazer trancinhas ultradescoladas em Cancun — sim, eu passei por essa fase.

EU E MINHA MÃE EM UM CAMPO DE ELEFANTES NA ÁFRICA.

AQUELA FASE.

QUE MARAVILHA! MELHORES AMIGAS DIANTE DAS PIRÂMIDES DO EGITO.

Mas, quando o assunto é viajar com minha mãe, "aventura" não é só entrar em um avião e ir para um lugar distante. Na vida, também temos de explorar nossa vizinhança. Desde o ensino fundamental, ela me levava com minhas amigas a lugares que a maioria dos pais nunca ousaria. Quero dizer, o que há de tão assustador em Venice Beach? Ela nos levava a musicais, apresentações de mágica, feiras de arte e antiguidades, circos e shows. Ela nos expunha a pessoas de todas as classes sociais, nos encorajava a sair de nossa zona de conforto e a experimentar o desconhecido. Talvez não fosse como as outras mães, mas era *minha* mãe: de longe a mulher mais descolada e inovadora que conheci, capaz de encontrar soluções para qualquer problema e sempre disposta a dar suporte a minha criatividade e individualidade.

E minha mãe estava sempre por perto para me ajudar a tomar decisões importantes na vida. Nunca era insistente, mas se fazia presente para ouvir, apoiar e oferecer sua opinião. Quando estava me inscrevendo em escolas do ensino médio, me apaixonei pela Harvard-Westlake em Los Angeles. O campus inferior, que eu frequentaria antes de passar ao superior, fora o que minha mãe frequentara doze anos antes quando a instituição ainda se chamava Westlake School for Girls. Ela foi comigo até lá e entrei para fazer minha entrevista de admissão. Por uma coincidência louca, fui entrevistada por um de seus antigos professores. Ele brincou, perguntando se eu era parecida com minha mãe porque, se fosse, eles precisariam de sorte. Contou, ainda, que ela era considerada rebelde porque bordava seus uniformes, usava sapatos plataforma e pintava o cabelo. Era uma garota que nadava contra a corrente e que nunca teve medo de se destacar. O entrevistador acrescentou que minha mãe tinha sido uma ótima aluna e que todos a amavam, apesar das rebeldias. Era só seu jeito único de pensar e se expressar.

Naquele momento, senti que estava sendo honesta ao responder à pergunta dizendo que eu não era parecida e que eles não tinham com o que se preocupar. Mas olhando para trás, embora eu nunca tenha tido uma fase rebelde como essa, sei que parte de minha ousadia e capacidade de dizer o que penso só podem ter vindo dela. Minha mãe era ousada, não tinha medo de opiniões, e essas são duas características que respeito muito. Se colocassem as versões ensino médio de Jill e Lily lado a lado, pareceríamos totalmente desconectadas: a rebelde e a boa menina. Nos últimos tempos, no entanto, tenho visto cada vez mais as semelhanças entre nós, não só fisicamente (somos basicamente gêmeas, sorte a minha!), mas também em matéria de personalidade. Temos o mesmo espírito obstinado, mente curiosa e alegria em conhecer pessoas e experimentar coisas novas.

Embora fôssemos muito diferentes quando adolescentes, minha mãe e eu sempre nos identificamos em algum nível à medida em que eu crescia. Nenhum tópico era considerado tabu, então sempre senti que podia ser honesta. Eu me lembro da primeira vez que menstruei e tive de pedir ajuda a ela, do dia que decidi começar a raspar as pernas, e até da primeira vez que quis usar um biquíni fio-dental. Sem falar em todas as conversas sobre escola, garotos, sexo, drogas, álcool — mas daquelas *divertidas*, sabe? Ela era uma mãe solteira criando uma adolescente que tinha várias perguntas. E, como éramos só nós duas, ela assumia a responsabilidade de responder a todas. Essa eterna sinceridade e a facilidade com que se davam nossas conversas significam que hoje em dia consigo conversar abertamente sobre coisas consideradas tabu ou constrangedoras. Em parte, isso também inspirou meu amor pelo jornalismo, me ajudou a encontrar minha voz e moldar minhas opiniões, me encorajou a dizer o que penso e, no final das contas, a encorajar outros jovens a fazer o mesmo. Sei que nem toda conexão entre mãe e filha é como a que tenho com a minha, mas aprendi que, independentemente de qual seja a dinâmica entre vocês, conversar de maneira franca e honesta é fundamental. Sem isso é impossível compreender o outro. É impossível criar uma conexão. E somente quando nos conectamos nos tornamos próximos.

De tudo o que a minha mãe me transmitiu, são suas palavras de sabedoria que nunca vou esquecer e que sempre sigo. "As peculiaridades que nos diferenciam são o que nos torna lindos", que já mencionei, e "Tenha senso crítico e siga em frente", que ela aprendeu com minha avó. São duas lições simples, mas extremamente tocantes que compartilho com quem quiser ouvir. Através desses mantras, minha mãe me encoraja a ser eu mesma e a me expressar como quiser. Aceitar nossas peculiaridades é aceitar quem somos, incluindo nossos defeitos. Minha mãe me empoderou para ser do jeito que eu quiser, e mesmo nos meus piores momentos — enquanto enfrentava meus transtornos alimentares e relacionamentos ruins — ela me apoiou e me encorajou. Jill nunca teve medo de opinar, mesmo sabendo que eu não queria ouvir. Isso valeu sobretudo quando me vi tão envolvida naquele relacionamento emocionalmente abusivo que me cegou para a realidade. Em vez de me proibir de encontrar o cara, ela me ouvia e ajudava a me guiar para entender a situação e chegar a minhas próprias conclusões. Minha mãe me encorajava a refletir a respeito do cara que estava me tratando daquela forma e do que ele era capaz, e a perceber que eu nunca poderia mudá-lo. E, se alguém não está me fazendo sentir como a melhor versão de mim mesma, eu preciso seguir em frente e encontrar quem o faça! Na vida não é preciso se conformar nem permitir que nos façam sentir inferiores.

Apesar de todas as lembranças incríveis e da alegria que nossa intimidade de mãe e filha me trouxeram ao longo dos anos, também foi difícil levar nosso relacionamento à medida que me tornava mais velha e independente. Comecei a querer muito uma vida própria, da qual ela não necessariamente soubesse os detalhes. Mas a ideia de me afastar, e ao mesmo tempo continuar íntima, me desconcertava. E foi especialmente difícil porque nunca tivemos aquele típico período de separação da ida para a faculdade. Eu saí de casa aos 20 anos, mas continuamos morando muito perto. Pode parecer hipócrita querer distância e proximidade ao mesmo tempo, mas, pode acreditar, ainda fico confusa em relação a isso. E não estou dizendo que seja algo ruim! Eu adorava poder ir para casa andando! Só que não era o arranjo ideal para uma separação saudável e ajudou a nutrir a intensa conexão que tinha se formado desde cedo entre nós.

Eu me lembro de me sentir muito culpada na adolescência quando tinha planos no final de semana, por não querer deixá-la sozinha. Se eu saísse, o que ela ia fazer? Essa pressão nunca partiu de minha mãe; era algo que eu impunha a mim mesma. Acho que essa dinâmica é comum em relacionamentos entre mãe e filha tão complexos e íntimos como o nosso. Eu tinha essa sensação de que era responsável por protegê-la da solidão, muito parecida com o instinto dela de me proteger. Essa sensação de dever não desapareceu quando me tornei adulta: ela ainda era a mãe solteira que tinha me criado, mas eu queria começar a experimentar as coisas sozinha. Precisava encontrar meu próprio espaço. Ao mesmo tempo, nunca quis que a distância física se transformasse em distância emocional, ou que a fizesse sentir que eu não queria que ela se envolvesse ou me aconselhasse. Porque isso é algo que eu sempre vou querer, embora o desejo por independência seja concomitante.

Meus primeiros esforços para me desligar, aos 16 anos, foram difíceis. Justamente nessa época começaram meus transtornos alimentares. Quando me aproximei do final do ensino médio, minha mãe começou a sair com alguém e acho que usei isso

— "ela está ocupada" — para justificar minhas mentiras a respeito do que vinha enfrentando. Quando sua atenção deixou de ser exclusivamente minha, eu tirei vantagem disso. O momento também serviu como um amadurecimento. Comecei a cuidar de mim mesma para que ela pudesse ter vida própria, e ela acreditou que eu estava bem. Quando minha mãe finalmente descobriu os extremos a que eu chegara, ficou devastada e se culpou. Sentiu que tinha falhado como mãe. Eu nunca quis que isso acontecesse, mas como seria diferente? Eu tinha mentido para minha melhor amiga, para a pessoa mais próxima, que por toda a vida tinha me encorajado a aceitar quem sou e ver beleza até nos defeitos. Eu tinha acreditado nisso antes, mas, motivada por meu próprio egoísmo e doença, rejeitei essa valiosa sabedoria e magoei minha mãe. A última coisa que queria era que ela questionasse onde tinha errado como mãe quando tudo o que fizera fora me amar e me inspirar.

Nem preciso dizer que não sei como teria sobrevivido sem o apoio, o encorajamento e o ombro de minha mãe. Seus conselhos foram inestimáveis, e as lições de vida que aprendi são infinitas. Ela inspirou em mim uma verdadeira admiração pela vida, a aceitação de quem eu sou e uma compreensão maior a respeito da maternidade. Mesmo que a minha maneira eu também tenha me rebelado, hoje enxergo muito bem tudo o que a fiz passar quando era mais nova. Durante o processo, ela não deixou de demonstrar muita força e amor e, por isso, eu não poderia estar mais orgulhosa ou ser mais grata. Minha mãe abriu mão de muita coisa por mim, e, com sorte, espero um dia me tornar ao menos metade da mulher que ela é. Uma mulher e tanto, sem dúvida.

O eterno pode ser lindo.
Há algo muito poderoso na
forma que uma tatuagem
captura um momento do
qual poderemos nos
lembrar para sempre.

7

TODA TATUAGEM CONTA UMA HISTÓRIA

Quando penso em uma obra de arte ou na coleção de um designer de moda que realmente amo, me pergunto por que isso me interessa. Os artistas imprimem o próprio significado em tudo o que criam, mas, ainda assim, minhas experiências pessoais podem fazer com que eu enxergue um trabalho de forma completamente diferente. E, com o tempo, nossas impressões também podem mudar. Podemos descobrir que o que antes nos tocava não tem mais relevância. O que um dia nos cativou não interessa mais. Essa natureza sempre mutante da arte foi o motivo pelo qual me interessei e tive tanto medo de começar a fazer tatuagens. Depois de tatuada, a imagem é eterna. Por mais que eu pudesse amar certa tatuagem no momento que foi feita, o que aconteceria se deixasse de gostar dela passada uma semana? Um ano? Vinte? É uma expressão muito permanente, e, quando era criança, eu não era muito fã de permanência. Eu mudava de ideia toda hora; sabia do que gostava, mas não estava interessada em me comprometer com uma só coisa por muito tempo. Eu adorava mudar de estilo, a decoração do quarto, as coisas que colecionava. A ideia de eternidade me assustava. Não parecia possível que qualquer coisa pudesse durar tanto. Ainda assim, desde pequena eu tinha muita vontade de me tatuar, de lidar com meu corpo como se ele fosse uma tela. É muito poderosa a capacidade da tatuagem de eternizar momentos. É uma forma incrível de autoexpressão artística; essas marcas únicas representam nossa personalidade, contam nossa história. E firmam nossos pés no chão mesmo quando estamos nos deslocando. Ter uma tatuagem é como levar um pedaço de casa por onde quer que vá. No final das contas, o eterno pode ser lindo.

Minha primeira tatuagem foi feita nas costas, em minha própria caligrafia, e diz "Amor Sempre e Eternamente" porque acredito que o amor pode durar a vida toda, seja com um parceiro, um amigo, sua família ou com você mesmo. Todos os meus desenhos têm um significado muito pessoal, e a maioria foi inspirada em filmes em que trabalhei. Todos são bem delicados, então é fácil cobri-los em virtude de algum trabalho. Se eu optasse por linhas escuras e pesadas, a maquiagem duraria horas. Todos os desenhos são de minha autoria, com a ajuda ocasional de minha mãe e, é claro, dos próprios tatuadores. Tive muita sorte com minha primeira experiência e arrisco dizer que fui mimada, porque pude ter um trabalho feito pelo gênio que é o Dr. Woo. Além de seu trabalho ser único, Woo é um cara muito legal. Ele é paciente e colaborativo, mesclando minhas ideias com seu olho artístico e atenção aos detalhes. Eu me divirto muito quando estamos juntos e nunca quero ir embora. Assim que terminamos uma tatuagem, já estou pensando em voltar. É provável que já tenha feito mais algumas tatuagens desde que escrevi isto...! Tenho pensado em um cisne ou um cavalo-marinho há um tempo, então quem sabe se ambos não se juntam a minha coleção? Ao menos um.

A CARA DE CHOQUE, NÃO DE DOR, AO FAZER A PRIMEIRA DE MUITAS TATUAGENS COM O DR. WOO.

Algumas de minhas tatuagens foram desenhadas semanas antes de agendar o horário; outras, escolhi minutos antes de entrar no estúdio; e algumas foram planejadas, mas alteradas no último segundo quando bateu a inspiração. Ainda bem que amo todas elas! Uma semana depois de fazer a primeira, marquei hora para fazer a segunda. Eu estava viciada. Quando voltei, fiz a que tenho no pulso, que é uma combinação especial de um coração com as iniciais LJ de meu nome, Lily Jane, e também comemora todas as pessoas importantes em minha vida cujos nomes começam com J (e são várias). O coração tem asas de anjo e sobre ele fica a coroa britânica, só para o caso de alguém, inclusive eu, precisar de um pequeno lembrete de onde venho.

MELHOR QUE QUALQUER PULSEIRA.

Depois dessa, eu me obriguei a fazer uma pausa de um ano para a terceira (muito difícil!). Quando finalmente chegou a hora e a vontade me venceu, tinha acabado de terminar *Simplesmente acontece*. Enquanto participava das gravações em Dublin, li um lindo poema de Alice Walker cujo título "The Nature of This Flower is to Bloom" ou, em português, "A natureza dessa flor é desabrochar", me tocou profundamente. A princípio pensei em tatuar a frase com um lírio, já que esse é o significado de meu nome. Acabei optando por uma rosa britânica, pois se encaixava muito bem com a Rosie, o nome de minha personagem no filme. As palavras, escritas com minha caligrafia, criam o talo da flor, e incluí uma pétala caindo para representar que posso ser delicada como uma única pétala e, ainda assim, resistente e forte como a rosa inteira. Decidi fazê-la no pé porque assim posso vê-la sempre e lembrar seu significado. A localização também foi mais um passo para a maturidade, física e emocional, pois a citação faz referência a crescer, prosperar e se tornar independente.

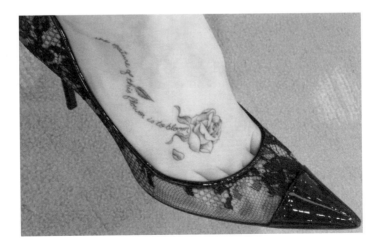

Minha quarta tatuagem fica na lateral esquerda do corpo e se estende sob meu seio. É uma fadinha bailarina, sentada em uma lua. Ela está soprando um dente-de-leão, e as sementes flutuantes se transformam em uma frase do poeta americano James Broughton: "True delicacy is not a fragile thing." Em português significa "A verdadeira delicadeza não é algo frágil." A bailarina representa minha adorada avó, Jane, que foi uma dançarina clássica muito respeitada; a lua, todas as vezes que eu disse "Meu amor por você é maior que a lua" para meu pai e minha mãe; o dente-de-leão, todas as vezes que fazemos um pedido e o enviamos para o universo, torcendo para que um dia se torne realidade; e a frase em si me faz lembrar de que ser delicada, graciosa e sensível não significa que você também não seja durona. Eu posso ser tudo. Eu sou tudo. Olho para essa tatuagem todos os dias para me lembrar do quanto sou forte e resiliente, sobretudo quando estou passando por momentos difíceis.

Na Coreia do Sul, na primavera de 2016, durante as gravações de *Okja*, descobri que fazer uma tatuagem em Seul não é exatamente ilegal, mas é preciso ser médico licenciado para usar agulhas de tatuagem. O que significa que é um processo meio sigiloso por lá. Então, logicamente, isso se tornou minha missão. Encontrei um artista incrível chamado Doy cujo trabalho é lindo. Suas linhas finas e estética delicada são muito semelhantes a minhas outras tatuagens. Seus desenhos passam uma emoção de tirar o fôlego, e eu simplesmente sabia que precisava de uma tatuagem dele como lembrança da viagem. Eu e minha amiga fomos juntas ao estúdio, que era completamente diferente de qualquer outro que eu já havia visitado. Em vez de um monte de gente, música alta e couro por todo canto, havia velas acesas, decoração em madeira, paz e silêncio — quero dizer, antes de tomarmos o controle do som e colocarmos a música no volume máximo para nos animar. Éramos as únicas ali, e o clima era tão sereno e relaxante que quase dormi! Hoje em dia já estou tão acostumada à sensação que não sinto dor. A experiência toda foi linda e espiritual, e minha tatuagem reflete isso. É uma "ninfeia": uma jovem (eu) abraçando a si mesma sobre a folha. Eu a fiz para comemorar *To the Bone*, o projeto que terminara um mês antes, no qual amor-próprio e aceitação foram os temas centrais.

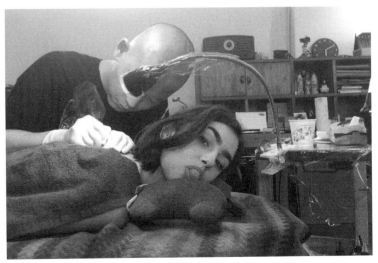

ME DIVERTINDO HORRORES COM O DOY. UMA TATUAGEM DE CADA VEZ.

Minhas tatuagens não são apenas belas obras de arte para as quais gosto de olhar; são lembretes importantes. Tornaram-se parte de mim porque representam diferentes capítulos de minha história e dão uma nova sensação de permanência. Embora talvez não sejam do gosto de todos, são parte do que me torna única. E eu as adoro. Por mais que me tornem um paradoxo!

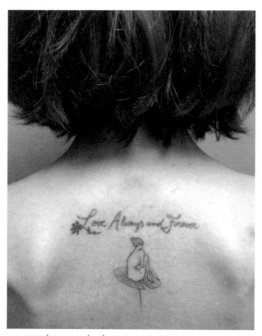

A HISTÓRIA ESTÁ SÓ COMEÇANDO. FIQUE LIGADO...

Não leve uma vida chata
se puder ser meio bobo
de vez em quando.

8

SEJA BOBO. É ATRAENTE.
SER NORMAL É UM TÉDIO.

Nunca tive vergonha de ser boba. Simplesmente a vida é curta demais para isso. É importante fazer as coisas que amamos, mesmo que os outros as considerem estranhas. E quem são eles para dizer o que é estranho, afinal? São os outros que definem o padrão do que é legal ou não? Negativo. Fazer o que amamos é o que nos torna únicos. Tonta, nerd, pateta, geek, doida e excêntrica são apelidos que aceito com orgulho se isso significar alguém que vive cada dia rindo, sorrindo e sendo feliz!

Então aqui está uma lista de coisas que me deixam alegre, coisas pelas quais outras pessoas podem me julgar ou podem não entender. Não estou nem aí, sabe? Ser a Lily Boba — desinibida, espontânea e livre — é muito mais divertido que ser a Lily Chata. A vida quase sempre envolve planejamento e controle nos mínimos detalhes, então por isso acolho qualquer oportunidade diária de me sentir bem.

1. Eu sempre adorei me fantasiar, fosse para peças na escola, só por diversão ou no Halloween. Antes que usar figurinos se tornasse parte de meu trabalho, usar fantasias era a melhor desculpa para encarnar um personagem e me transformar em outra pessoa. Sempre levei isso muito a sério! Nunca me conformei com aquelas fantasias compradas (sem querer ofender), então vasculhava brechós e lojas de acessórios — e revirava o armário de minha mãe — para montá-las.

ESTÁ NA CARA QUE EU NUNCA TIVE MEDO DE MISTURAR ESTILOS OU DE FAZER ESCOLHAS OUSADAS.

Com o tempo a prática evoluiu, e eu passava semanas criando e planejando todo um conceito de fantasia maluca e elaborada. Uma vez fui vestida de agente da Polícia da Moda, usando estampas descombinadas, cinto de utilidades — que incluía um secador de cabelo para resgatar pessoas de um *bad hair day* — e até um bloquinho a fim de multar quem estivesse vestido de forma ofensiva (o qual, pode acreditar, usei muito naquele dia).

COMO UMA LEGÍTIMA AGENTE DA POLÍCIA DA MODA, ACHO QUE EU DEVERIA TER MULTADO A MIM MESMA.

2. Mesmo passado o Halloween, meu amor por fantasias continua ao longo do ano. Toda primavera, eu e meus amigos vamos a uma Feira da Renascença nos arredores de Los Angeles. Essa tradição muito esperada começou há muitos anos, quando éramos só eu e minha mãe. No dia do evento, ainda uso a mesma roupa que comprei ali aos 14 anos.

É claro que agora ela fica um pouco diferente em mim, então passei de jovem princesa a criada um pouquinho mais velha. Mas não tenho vergonha do look! Tenho orgulho de minha dedicação. Nós corremos para lá e para cá berrando Urra!, comendo espigas de milho e picles enormes, tirando fotos com todas as ninfas, fazendo reverências para a rainha Elizabeth e sua damas de companhia, socializando com outros entusiastas e torcendo pelos cavaleiros da justa, que duelam "até a morte". Eu não me importo se parece bobo. Adoro esse evento e não o perderia por nada. Alguns de nós chegam ao ponto de pegar um voo seja lá de onde estiverem no mundo só para comparecer. Isso é o que eu chamo de comprometimento.

ANTIGAMENTE...

...HOJE

3. Outra coisa à qual me dedico completamente é Harry Potter. A cada livro. E a cada filme também — talvez tenha assistido umas cem vezes cada um, mas, se estiverem reprisando na TV, não tem jeito. Fico grudada na tela, recriando as falas e me imaginando como Hermione. Alguma coisa em Harry Potter faz com que eu me sinta em casa! Esse universo definiu minha infância, eu me perdia nas histórias e ia a um lugar feliz. Lembro de mim no canto de algum lugar qualquer, lendo, enquanto minha mãe fazia compras. Eu ficava obcecada por poucas coisas quando era mais nova, mas *definitivamente* era o tipo de criança que esperava na fila por um livro no dia do lançamento

e exigia ver cada filme no dia da estreia. E talvez também tenha andando em uma vassoura com uma capa oficial de Quadribol quando visitei o Warner Bros. Studio Tour em Londres... Por que quem deixaria uma oportunidade como essa passar, certo???

4. Um dos meus muitos prazeres secretos é ir a parques temáticos, especialmente à Disney. Se pudesse passar todos os dias de minha vida ali, acho que passaria. Talvez seja porque a Disney me faz sentir uma criança honorária, ou porque eu amava fingir que era uma princesa de contos de fadas (e às vezes ainda amo...). Por mais velha que seja, simplesmente não me canso. Comemorei muitos aniversários da vida adulta por lá e não tenho a menor vergonha disso. Adoro andar pelo parque, ver as crianças pequenas experimentar aquela sensação pela primeira vez, seus olhos arregalados ao encontrar esse ou aquele personagem ou quando andam nos brinquedos. Amo correr pelas ruas do parque com meus amigos, todos usando orelhas do Mickey, embarcar na montanha-russa, gritar a plenos pulmões e assistir os fogos de artifício do encerramento. Impossível não ficar completamente maravilhada com o fato de eles criarem toda aquela magia. Ainda encaro cada visita como se fosse a primeira, e nunca fico enjoada das

atrações. Ir à Disney é uma experiência que me recuso a permitir que se torne cansativa. Mal posso esperar pelo dia em que levarei meus filhos e, assim, reviver tudo aquilo com eles.

ACREDITE OU NÃO, EU AINDA FICO EMPOLGADA QUANDO A VEJO.

5. Ir a feiras de antiguidades é algo que faço desde que minha mãe me empurrava de um lado a outro no carrinho. Na verdade, muitas vezes eu acabava andando depois de algumas horas, porque ela comprava tantas coisas que precisava usar o carrinho para carregá-las. (Obrigada, mãe!) Começávamos antes do nascer do sol, atravessando as zonas rurais nos arredores de Londres ou em Los Angeles, e ficávamos até o fim, quando

os vendedores já guardavam o que sobrara. Às vezes, checávamos até as latas de lixo, passando de carro para ver o que tinha sido deixado para trás por vendedores que não queriam ter que levar tudo de volta para casa. Sei que pode parecer totalmente bizarro, e nojento, mas a maior parte dos itens não estava danificado e, se não os tivéssemos levado conosco, teriam sido levados embora de qualquer jeito. Acredite ou não, realmente encontramos coisas incríveis, incluindo uma linda bolsa de contas turquesa e dourada que, depois de limpa, usei na cerimônia do Grammy no ano que meu pai foi indicado por "You'll Be in My Heart", de *Tarzan*. No tapete vermelho, me perguntaram de onde era. Eu respondi descaradamente: La Poubelle ("lixo" em francês) só para fazer o acessório parecer extrachique. Nunca o ditado "o lixo de um homem é o tesouro de outro" foi mais verdadeiro, e a bolsa está no meu closet até hoje.

Por ter convivido tanto com antiguidades na infância, achei que passaria a odiá-las quando adulta. Estava errada. Garimpo mercados e lojas antigas em todo lugar para onde viajo. Nunca me canso de sair por aí em busca de colecionáveis. Quem sabe as joias escondidas que posso encontrar? É claro que não coleciono mais as mesmas coisas. Bichinhos de pelúcia

Beanie Babies (uma obsessão imensa!) e bonecas das Spice Girls (eu tinha todas!), incontáveis e lindos chaveiros antigos, velhas lancheiras de metal e Ursinhos Carinhosos.... Tudo isso ficou para trás. Mas a emoção da caça ao tesouro ainda me empolga do mesmo jeito.

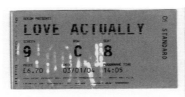

6. E aqui, não necessariamente nessa ordem, estão algumas outras coisas bobas que me fazem feliz: tenho verdadeiro amor por picles; obsessão por maçãs; admiração por chá quente que ficou esperando por horas até esfriar; fascínio por sombras; tenho tendência a olhar para baixo em vez de para cima quando estou andando e assim poder procurar arte de rua escondida; compulsão por aplicar álcool gel hidratante para as mãos constantemente ao longo do dia (não sou hipocondríaca, só gosto de estar limpa); afeição por fotografias em preto e branco (tudo parece mais romântico em preto e branco); hábito de pular para sair nas fotos dos outros; a criação do que gosto de chamar de "Monets da maquiagem" depois de limpar meu rosto com lenços demaquilantes ao final de uma noite; tenho uma coleção de canhotos de filmes, shows e museus desde o ensino fundamental (ainda tenho todos e sei com quem estava em cada ocasião!); além disso coleciono papéis de biscoitos da sorte porque acho que guardá-los traz sorte; e, é claro, tenho um impulso para cantar no carro sempre que uma música que amo começa, mesmo que eu não saiba a letra. Também amo dançar, sempre e em qualquer lugar. Nunca me deixo intimidar por uma pista de dança vazia. Eu penso: "Bem, alguém precisa ser o primeiro. Por que

não eu?" Com muita frequência e disposição, deixo de lado minha postura *cool* e simplesmente me divirto sob aquelas luzes estroboscópicas.

EU AVISEI QUE ERA OBCECADA POR PICLES, MESMO OS QUE VÊM NO PALITO.

Dito tudo isso, fica claro que eu simplesmente amo dar risada, sorrir e fazer coisas divertidas e aleatórias com meus amigos e família. Quando passamos tempo com aqueles que nos fazem sentir realmente bem e felizes, descobrimos que nossas peculiaridades, essas coisas que gostamos de fazer, acabam sendo nossos detalhes mais fofos e interessantes. Ser livre e desinibido é lindo. Experimentar algo novo é revigorante. Não leve uma vida entediante se for possível acrescentar um pouco de descontração de vez em quando.

Todos nós queremos que nossos pais nos digam como somos incríveis; toda filha precisa saber que seu pai a ama, e sentir de verdade que ele está sendo sincero.

UMA CARTA PARA TODOS OS PAIS

Relacionamentos entre pai e filha são muito complexos. Amamos nossos pais de todo o coração, mas eles também conseguem nos enlouquecer. Às vezes são superprotetores; outras, não ligam para nós. Aprendi muito sobre mim mesma com meu pai e, quanto mais velha fico, mais vejo o quanto nosso relacionamento me moldou. Mas isso não significa que não tivemos nossos desafios.

Não é fácil falar com meu pai sobre certas coisas — o que considero normal. Assim como muitas filhas, tenho dificuldade de colocar minhas preocupações para fora porque não quero chateá-lo, perturbá-lo ou decepcioná-lo. Todas nós criamos uma autoimagem baseada no que supomos ser o desejo de nossos pais. Quando criança eu tinha um medo constante de não corresponder às expectativas dele. Sempre tentei estar tão bonita quanto fosse possível, me comportar bem e ter boas notas. E, depois de criar uma imagem tão perfeita de mim mesma por tantos anos, aquilo eventualmente se tornou o padrão. Meu trabalho duro era esperado em vez de ser excepcional. Não que meu pai já tenha me dito ou sequer insinuado que eu era um fracasso, mas minhas ações não chamavam mais sua atenção nem geravam elogios, então eu sentia que não estava fazendo o suficiente. Que eu não era o suficiente. Como filhas, lutamos ao longo da vida adulta para continuar sendo para sempre as garotinhas perfeitas do papai, mas também precisamos quebrar esse molde e seguir o próprio caminho.

Quando eu tinha 5 anos, meus pais se divorciaram e ele se mudou de nossa casa na Inglaterra para a Suíça, onde ficou por mais de vinte anos. Mesmo que ainda estivesse vivo, parecia que meu pai tinha desaparecido. Eu sabia que ele me amava, mas ele não estava fisicamente por perto para me dizer isso. Imagino que seja parecido com ter um pai que mora com você, mas que é emocionalmente indisponível. Seja física ou mental, toda ausência afeta uma criança pequena. Todas queremos que o pai lhes diga que são incríveis; toda filha precisa saber que é amada pelo pai e sentir que ele está sendo sincero. Como meu pai estava sempre fora, eu evitava fazer qualquer coisa que o afastasse ainda mais. Tornei-me extremamente cuidadosa com o que dizia e como dizia, temendo que ele pensasse que eu estava zangada ou que não o amava. E a verdade era que eu estava zangada. Eu tinha saudades e o queria por perto. Sua ausência não era algo que eu pudesse controlar ou entender, e isso era muito doloroso. Eu achava que tinha de guardar todas aquelas emoções para mim e nunca mostrar a ele, mas isso só criou uma distância horrível entre nós quando fiquei mais velha. Todos aqueles anos que passei escondendo meus sentimentos tornaram difícil que meu pai fosse capaz de me entender. Ele presumia que tudo estava sempre bem porque eu jamais dizia o contrário. Isso estabeleceu um padrão prejudicial. E percebi que muitas de minhas inseguranças mais profundas vêm desses problemas com ele. Levei mais de uma década para resolver algumas delas (outras ainda estou resolvendo) e para finalmente criar coragem de lhe dizer o que pensava.

Ainda que cada filha tenha um tipo diferente de experiência com o pai, conseguimos nos identificar com os sentimentos e frustrações umas das outras em um âmbito geral. Podemos nos ajudar a atingir uma compreensão mais profunda de nossos relacionamentos pai e filha. Talvez eles nem sempre correspondam às expectativas quanto ao que achamos que deveriam ser ou fazer. Podemos até pensar que eles não são capazes de nos proporcionar o que precisamos. Nesses momentos é muito importante lembrar que reconhecer os defeitos do outro é uma dádiva. É o que nos permite recuar um passo e reavaliar nossa abordagem, e determinar como seguir em frente. Isso também nos poupa da agonia e da dor de nos culpar pelas ações de terceiros. Quando percebemos isso, é hora de expressar o que pensamos e sentimos. Precisamos dizer o quanto ainda precisamos deles e que nunca é tarde demais para consertar as coisas e alterar padrões. Pode ser melhor para ambos.

SEMPRE VOU CUIDAR DE VOCÊ.

Sei, no entanto, que esse tipo de conversa nunca é fácil! Mesmo que estejam ouvindo, às vezes nossos pais não escutam de verdade. Então descobri que escrever cartas ajuda. Ao colocarmos nossos pensamentos no papel, podemos nos expressar exatamente da forma como gostaríamos de ser lidos e relidos pelo destinatário. Também é uma oportunidade para uma conversa mais ampla, um convite para o pai conhecer um lado seu emocionalmente maduro, franco, confiante e forte. Sinta-se livre para ler esta carta para seu pai ou usá-la como guia para escrever uma.

Espero que ela facilite sua confissão, e lembre-se: paixão é um sentimento universal e, desde que suas palavras sejam sinceras e a intenção, genuína, seu pai não terá como criticar sua coragem. Tudo o que você pode fazer é ser verdadeira consigo mesma e dizer a ele o que sente.

Querido pai,

Por mais que eu esteja ficando mais velha, sempre serei sua garotinha. Por mais que esteja mais madura (ou que goste de pensar que estou), sempre vou valorizar sua opinião. Sempre vou precisar de você. Sempre vou querer que você pergunte como estou, independentemente de você achar que isso me incomoda. Mesmo que incomode, secretamente vou adorar. Quando eu reclamar de algo que me chateou ou me irritou, por favor, não ache que essa crítica significa que te amo menos. Não pense que fez algo que não pode ser consertado. A questão não é consertar; mas seguir em frente sabendo que as coisas podem mudar. Não estou contando seus erros do passado e nem fazendo uma lista para depois usá-los contra você. Estou chamando atenção para o jeito que certas ações me fazem sentir e como podem ser evitadas no futuro. É importante para nós dois reconhecer não apenas as coisas boas e que nos deixam felizes, mas também as ruins e que nos magoam. Eu quero comemorar meus sucessos e compartilhar meus fracassos com você, grandes ou pequenos. Sei que agora sou tecnicamente adulta, mas ainda preciso de sua ajuda. E, apesar de todos os meus esforços para convencer a mim mesma de que não preciso de sua aprovação, ainda me vejo tentando ser notada por você, desesperada por seus abraços, desejando sua atenção e suas declarações. Ainda tenho aqueles medos de menina de dizer algo que possa frustrá-lo. E nunca quero decepcioná-lo, embora saiba que eventualmente cometerei erros. Porque todos nós erramos. Até você. Mas saiba que, mesmo em todos esses "erros", minha intenção sempre será deixá-lo orgulhoso. Sei que você disse que já faço isso e que você me ama. Mesmo assim, é bom ser relembrada, sobretudo quando estamos longe um do outro. Uma ligação rápida ou uma mensagem ou e-mail para dizer oi de vez em quando já bastam. Só para ver como estou. Talvez você pense que estou ocupada, e eu de fato estou, mas, mesmo que passe horas sem poder olhar para o celular, adoraria chegar ao final do dia e ver que você estava pensando em mim. Porque, sem dúvida, eu estava pensando em você.

Às vezes tento ser mais madura, agir de forma diplomática, mas o pai é você. Há certas coisas que espero que você faça — espero que queira fazer — por mais que esteja mais velha. Que você esteja presente para conversar, para ensinar. Que seja alguém que não apareça apenas para os eventos divertidos, mas também nos momentos de dificuldade e para ajudar com as coisas delicadas e difíceis de lidar. Todos nós fazemos escolhas e, embora eu não desculpe algumas das suas, no final das contas não podemos reescrever o passado.

Estou aprendendo a aceitar seu modo de agir e a dizer como me sinto diante de suas atitudes. Aceito e reconheço a tristeza e a raiva que senti pelas coisas que você fez ou deixou de fazer, pelas coisas que me deu ou não deu. Agora entendo que minhas frustrações em relação a nossa comunicação não se resolvem tentando mudá-lo, mas sim aceitando quem você é.

Eu estou mudando. Estou me conhecendo, mergulhando e descobrindo quem sou lá no fundo. Encontrando uma saída para os momentos sombrios e decifrando o que me torna eu. Gostaria que você conhecesse essa pessoa que estou descobrindo. Adoraria que você tirasse um tempo para conhecê-la e fazer parte desse processo. Porque ela é muito especial. Perdoo você por nem sempre ter estado presente quando precisei, e por não ser o pai que eu esperava. Perdoo seus erros. E, embora possa parecer que é tarde demais, não é. Ainda temos muito tempo para seguir em frente. É o que eu desejo. E convido você a se juntar a mim. Te amo de todo coração, mais do que você possa imaginar, e sou muito grata por você.

Sempre sua garotinha.
Com amor, sempre e eternamente,
um beijo,
Eu

Os pontos fracos podem se transformar em suas fontes mais importantes e influentes de força interior.

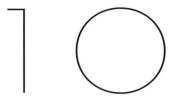

INVOQUE SEU
SUPER-HERÓI INTERIOR

Permitam-me apresentar Lili, uma super-heroína secreta. À primeira vista, ela parece uma bibliotecária despretensiosa, de óculos e camisa social branca — mas, quando a coisa fica feia, a gente vê o quanto ela é sinistra com seu intelecto, charme e coragem. Ela é o tipo de mulher que não depende de homem para resolver seus problemas. Alguns podem até subestimar suas habilidades; e são esses que ela mais gosta de chocar.

Talvez você se pergunte de onde tirei essa tal Lili? Bem, Lili é um alter ego de super-heroína que criei para me proteger de... mim mesma. Lili surgiu depois de anos trabalhando para descobrir meus aspectos mais sombrios — feitos daqueles sentimentos que obscurecem nossa autopercepção e que produzem aquelas vozes críticas capazes de nos desviar do caminho — e para compreender a raiz de minhas inseguranças físicas e emocionais. Antes eu considerava todas negativas, como coisas que tentava eliminar. Foi preciso meu incrível terapeuta observar que elas não precisavam ser ruins para que eu visse seu potencial. Eu não preciso tratá-las como fraquezas ou obstáculos. Sob outro ponto de vista, eram atributos positivos e, no final das contas, superpoderes. Mas a busca não foi fácil; não mesmo! Raramente as coisas são fáceis para os super-heróis...

Quando me mudei da Inglaterra para Los Angeles aos 6 anos, eu tinha um sotaque britânico muito forte e fofo. Mas todo mundo na escola debochava de mim porque eu falava de um jeito diferente e não pronunciava as palavras ou os nomes como os outros. Eu só queria me encaixar, então comecei a escutar as outras crianças e a imitar sua forma de falar. Em casa eu treinava repetindo os diálogos dos filmes, sobretudo de *Peter Pan*. Repetia as falas de Peter para tentar enunciar com mais clareza, de um jeito mais americano. Na época eu estava muito insegura e queria que todo mundo gostasse de mim e me aceitasse. Hoje acho difícil acreditar que quis me livrar daquele sotaque adorável! Ainda bem que minha capacidade de acessar meu sotaque natural tornou-se uma arma secreta que posso usar a qualquer momento. É uma benção! Não só é uma ferramenta prática quando preciso aplicá-lo a um papel, como foi o caso em *Simplesmente acontece*, mas também é uma ferramenta emocional que uso quando preciso entrar em contato com as partes mais profundas de mim. A primeira vez que usei meu sotaque natural em um filme foi uma experiência incrível. Eu me senti mais "eu mesma" que nunca. E aquilo me veio com uma facilidade chocante: de repente, me senti a pequena Lily do interior, recuperando as lembranças do lar. Foi muito natural. Muito certo. E o que antes me fizera sentir insegura por me destacar em um lugar novo, agora me faz sentir totalmente *eu*.

ATÉ HOJE, AINDA É AQUI QUE ME SINTO MAIS EM PAZ. MAIS EM CASA.

Embora Lili seja uma super-heroína ocupada, sempre por aí derrotando inimigos e derrubando paredes, ela continua sendo humana e se sente insegura em relação à própria aparência. Sempre soube que pareço nova demais para minha idade. Eu sei, eu sei! É uma benção, e eu vou gostar quando for mais velha — um fato do qual já me lembraram muitas vezes. Agora que estou envelhecendo, realmente sou grata por isso, mas, quando era criança, a última coisa que queria era não ser levada a sério porque as pessoas presumiam que eu era nova. Quando eu tinha 16 anos, participei de reuniões de criação para *talk show*s e todos os outros participantes me ignoraram antes de ouvir o que eu tinha a dizer. Minha cara de bebê também dificultou bastante meus testes. Raramente eu podia desempenhar um personagem de minha idade. Alguns atores que tinham minha idade, mas pareciam bem mais velhos, tinham definido o padrão de "aparência" para uma determinada idade na tela. Como eu ia conseguir desempenhar uma contemporânea? Perdi muitos papéis que queria por causa disso, e muitas vezes precisei analisar propostas para personagens mais jovens.

O feedback negativo e as conversas constantes sobre minha aparência realmente me atingiram. Eu as ouvia em salas de reuniões, em castings de modelos e, mais tarde, em testes para filmes. Ouço até hoje! E, por um tempo, acabei me sentindo completamente estagnada, como se não tivesse permissão de amadurecer. Deixei a visão dos outros definir como eu me via. Mas a questão é a seguinte: não posso fazer nada a respeito de minha aparência. Não há maquiagem nem roupas capazes de mudar isso. Eu estava perdendo tempo com algo fora de meu controle e, para que isso tivesse um fim, precisei aceitar a realidade e assumir que pareço mais nova. Foi o que fiz. Hoje em dia adoro chocar as pessoas quando revelo minha idade. Uma vez, uma mulher me disse que eu parecia ter 15 anos quando, na verdade, eu era dez anos mais velha! Sua expressão me fez rir, e agradeci por isso. Pode ser que, por causa disso, leve mais tempo para passar a desempenhar personagens mais velhos, mas, enquanto isso, continuo fazendo os mais novos. E houve alguns muito importantes — Collins Tuohy, Branca de Neve e Clary Fray, por exemplo — e que realmente ajudaram a moldar quem sou. Não teria podido desempenhá-los se não parecesse mais nova do que sou. Então não deixo mais nenhuma conversa sobre idade definir como me sinto em relação a mim mesma. O tempo é uma dádiva, e me pergunto o que tinha na cabeça quando desejei que passasse mais rápido. Quando ele passa, acabou. E quero fazer todos os momentos valerem a pena!

DE MEUS DIAS DE UNIFORME DE ESCOLA ATÉ AGORA: SEREI PARA SEMPRE UMA ORGULHOSA ESTUDANTE DA ESCOLA DA VIDA, ACEITANDO O DESCONHECIDO E ABSORVENDO TUDO.

Gosto de pensar que tenho um bom coração. Sempre tive compaixão, demonstrei meus sentimentos e coloquei as necessidades dos outros à frente das minhas. São todas características muito positivas, mas que também alimentaram meu medo de me impor em relacionamentos amorosos. Como já falei, eu tinha o hábito de concordar com meus namorados porque era mais fácil do que usar minha voz. Cuidar do outro era minha prioridade, mais importante que reconhecer do que eu mesma precisava. Eu tinha medo de que eles fossem embora se não gostassem do que eu tinha a dizer, ou se não ganhassem o que queriam. Coloquei a mim mesma em segundo lugar por muito tempo. Não valorizava as necessidades do próprio coração o suficiente para expressá-las.

Entretanto, depois de namorar alguns caras legais com quem me sentia segura e que me disseram para não ter medo de falar, aprendi que reconhecer minhas necessidades é tão importante quanto reconhecer as dos outros. E escutar meu coração é uma das coisas mais poderosas que posso fazer. Só assim somos capazes de compreender e proteger a nós mesmos. É a forma de aprendermos a ser os melhores parceiros possíveis, porque sabemos exatamente o que estamos procurando em outra pessoa. Hoje vivo sob a promessa de nunca me calar ou ignorar meu coração por medo ou insegurança. Nosso coração é nossa maior fonte de poder. Não podemos nos esquecer de que precisamos dele para amar a nós mesmos, para que depois possamos amar os outros.

Eu pensava demais em vez de simplesmente seguir o fluxo. Nos namoros, no trabalho, na vida. *Por que ele não ligou? O que foi que eu fiz? Por que não consegui aquele trabalho? Será que podia ter feito algo diferente?* Mas eu não parava em uma pergunta por situação. Ficava completamente obcecada, às vezes enlouquecia ao tentar prever o futuro e descobrir como seguir em frente. Eu nunca me permitia sequer a possibilidade de cometer um erro. Por mais lógico e inteligente que isso pudesse parecer, não me permitia viver o presente de maneira plena porque estava concentrada demais no futuro. Desenvolvi um medo de me libertar. O desconhecido me assustava. Esse medo continuou em minha vida adulta e, às vezes, ainda torna difícil me soltar e correr riscos, seja com minha aparência ou no modo como trabalho, porque não posso controlar o que vai acontecer. Não tenho como prever os resultados, e isso me assusta. Correr riscos é o mesmo que cometer erros, o que corresponde a atrair atenção negativa. Então, por que desejar correr riscos se ia acabar mal? Eu podia fazer papel de boba ou não corresponder a meu comportamento habitual. O que as pessoas iriam pensar?

Por mais que queira dizer que não me importo com o que as pessoas pensam sobre mim, eu me importo. Porque é o tipo de coisa inevitável. É do ser humano. Mas ao entender minha tendência de pensar demais, aprendi que a pessoa que mais preciso agradar, no final das contas, sou eu mesma. O que importa é que eu esteja feliz e orgulhosa. A liberdade não precisa ser assustadora.

Na verdade, é através dela que alguns dos momentos mais lindos e mágicos da vida acontecem.

Outra coisa positiva que veio de minha tendência em pensar demais e ser extremamente ligada às situações foi ter me tornado uma ótima juíza de caráter e muito boa em interpretar as pessoas. Tendo observado o comportamento dos outros com tanta atenção ao longo dos anos, consigo me virar em todo tipo de situação, com todo tipo de ser humano. Desenvolvi uma capa protetora ao redor do coração, protegendo-o de julgamentos e projeções emocionais de terceiros. Tento não deixar opiniões alheias me afetarem, e, como me sinto mais segura em relação a mim, posso me soltar sem medo e sem me preocupar. Posso usar essas habilidades — que são produto direto de minha insegurança — para avaliar adequadamente as pessoas com quem me envolvo (incluindo potenciais namorados!), viver melhor o momento e me sentir livre para sair da zona de conforto. Nesse sentido, meu conhecimento se tornou um poder.

Todas essas experiências — ser ridicularizada pelo sotaque, ser subestimada por ser jovem, não me impor em relacionamentos e pensar demais porque não quero cometer erros —, somadas ao que aprendi ao longo do caminho, me ajudaram a perceber que os pontos fracos podem se transformar em fontes muito importantes e influentes de força interior. Nossas inseguranças e medos, sejam físicos ou emocionais, não devem comandar nossa vida ou ditar nosso modo de nos enxergar. Pelo contrário, devemos controlá-las em prol de nós mesmos. Usá-las. Já que elas nunca desaparecerão por completo, podemos usá-las para trazer à tona o melhor de nós. É importante lutar *ao lado*, e não contra elas. Nossas inseguranças podem ser nossas parceiras. Afinal de contas, Lili pode ser uma super-heroína, mas sempre precisará de uma ajudinha para salvar o dia.

Precisamos amar a nós mesmos antes de qualquer coisa e usar a própria voz. Quando eu usava a minha, no entanto, estava dialogando com o vício dele, que se recusava a me ouvir.

11

EM UM RELACIONAMENTO COM O VÍCIO

Namorar um viciado é extremamente difícil. Pode acreditar. Já passei por isso. Alguns caras iam ao banheiro várias vezes durante os encontros, colocando a culpa na bexiga. Outros desapareciam durante dias, perdidos em uma farra de drogas. Havia até aquele ex-namorado cuja negação do problema com o álcool e subsequentes tentativas de ficar sóbrio destruíram minha confiança e nosso relacionamento de dentro para fora. E teve meu pai. Sua batalha contra o alcoolismo e meu medo de que ele não sobrevivesse alteraram para sempre minha relação com a bebida e me forçaram a ver os padrões destrutivos que eu vinha criando na minha vida amorosa. Isso me obrigou a acordar, assumir as rédeas e fazer uma mudança.

Sei que não sou perfeita. Sei muito bem que sou culpada de afundar em meus próprios hábitos autodestrutivos no passado. Lidei com minhas inseguranças em relação ao corpo adotando compulsões muito nocivas, como a bulimia. Eu era viciada em comida (ou na falta dela) e exercícios. Mas nunca tive problemas com bebida e drogas. É claro que já vivi meus momentos de diversão, de farras com os amigos, mas álcool para mim não é uma forma de me rebelar ou uma válvula de escape. Beber para ficar bêbado simplesmente não me interessa. Para mim, o consumo dessas substâncias relaciona-se com moderação, com a capacidade de avaliar a hora e o lugar certos para seu uso e com saber escutar a mim mesma para julgar quando basta. Não estou comparando vícios, e não estou dizendo que um é mais justificado que o outro. Como nunca tive uma relação insalubre com drogas ou álcool, estou apenas admitindo que não tenho como me identificar. Mas, se tem uma coisa com a qual eu consigo, é com a experiência de ser dominada por algo que parece estar fora de seu controle. Mas, ao contrário de alguns de meus ex, escolhi assumir meus problemas, colocando-os como pontos que estão sendo trabalhados, não os ignorando ou me escondendo.

Depois de me ver várias vezes em relacionamentos tóxicos que me deixaram magoada e confusa, comecei a me perguntar qual era meu problema. Talvez esses caras me vissem como alguém que fosse tolerar suas necessidades, aplacá-las, ou até os liberar de enfrentar seja lá o que o álcool ou as drogas os ajudassem a evitar.

Talvez me vissem como uma garota boazinha e fácil de enganar. Seja qual for o motivo, no fim das contas era o seguinte: eles não me consideravam o suficiente. Não me respeitavam o bastante. Tiravam vantagem do fato de que eu via o melhor neles e lhes dava o benefício da dúvida. Eu não percebia suas mentiras. Só ouvia declarações apaixonadas e planos grandiosos para o futuro (que eles tipicamente esqueciam quando estavam sóbrios). Parecia que estavam sempre ligando e desligando os próprios sentimentos — e essa era a parte mais difícil. Na realidade, eu era apenas um esconderijo para eles. Eu me encaixava na imagem do que seus pais e amigos aprovavam, e, ainda assim, não fazia ideia da vida dupla que levavam. Posso parecer ingênua, mas, quando esses caras me deixavam em casa no final de um encontro, eu não sabia que estavam prestes a começar o segundo round da noite. Sempre desesperados para começar a ficar chapados, e eu nem percebia. Não fazia ideia de que era culpa do vício.

Então por que me sentia atraída por tipos semelhantes de parceiros com problemas de vício? Por que era atraída por esse comportamento errático, mentiras e papo-furado? Bem, nós, como mulheres, normalmente nascemos com o dom de cuidar. Achamos que podemos ajudar nossos parceiros e despertar o melhor neles. Que podemos criar mudanças e inspirar esperança. Embora façamos um ótimo trabalho na maioria das vezes, quando a outra pessoa não enxerga o problema, simplesmente não é possível ajudar. E quanto mais tentamos, mais afundamos com eles. Sacrificamos nosso bem-estar porque acreditamos que podemos salvar as pessoas que amamos. Já tive essa mentalidade de "consertar" as pessoas várias vezes, tanto com namorados quanto com membros da família — o que não é uma coincidência. Sou atraída por caras como meu pai, criativos, sensíveis e meio misteriosos. A parte do mistério é intrigante e empolgante porque você nunca sabe como estará seu humor e o que vão fazer. Mas a falta de constância não era algo benéfico para mim. Não era saudável. Por maiores que fossem as fases de euforia, as de depressão eram sempre piores. Momentos de leveza e alegria logo se transformavam em escuridão. E então surgiam os demônios, a crueldade e os sinais do vício. Diante disso, era eu quem tinha de bater o pé e dizer não quando eles eram incapazes de fazer isso por si mesmos. Eu tentava ajudar e muitas vezes esses namorados me jogaram isso na cara. Enfrentar essas situações sozinha se tornou frustrante e cansativo, e acabei concluindo que esses homens eram emocionalmente perigosos e nada saudáveis para mim. Eu não aguentava mais, então decidi pôr um ponto final naquilo e reavaliar meu ciclo amoroso.

O mais difícil nesses relacionamentos foi um ex-namorado que usava drogas como forma de se automedicar. (O mesmo cara que me deu um chá de sumiço depois que eu falei sobre seu vício.) Eu o amava muito e acreditava mais nele que em qualquer outra pessoa. Nosso relacionamento teve muitas fases que se alternaram como os melhores momentos de minha vida e os mais dolorosos que eu imaginaria possíveis. No começo do namoro ele estava completamente sóbrio, pois meses antes decidira largar tudo e começar um estilo de vida saudável. A convivência era maravilhosa, e tudo parecia estar indo bem. Então ele decidiu reincorporar o álcool e eu comecei a ver uma mudança. Ele estava sempre nervoso e extremamente sensível. Parte do problema era que não conseguia tomar apenas um ou dois drinques. E, quando bebia em excesso, ficava preocupado com tudo. Duvidava das coisas que eu tinha dito e se tornava muito inseguro. Eu sempre o reassegurava de meu amor, e chegou a um ponto em que nada que eu dizia conseguia fazê-lo se sentir melhor. A dúvida e o ódio que ele tinha por si mesmo apareciam, e ele bebia sem parar para ignorar o que realmente o incomodava. Mas em público suas inseguranças nunca se mostravam. Ele era divertido e amoroso quando bebia. Sempre a alma da festa. Nunca zangado ou volátil. Mas, por melhor que ele se sentisse nesse curto período, eu percebia sua paranoia e períodos extremos de depressão a quilômetros de distância. E havia muito pouco que pudesse fazer para evitá-los. Eu o desencorajava a beber, mas, também, não queria parecer sua mãe. Meu interesse não era controlá-lo ou pressioná-lo para ser alguém que não era; tudo o que eu queria era o melhor para ele, para que fosse verdadeiramente feliz e saudável.

No final, a negação do problema com a bebida dificultou demais o relacionamento. Eu via muito claramente o que aquilo causava e como o fazia sentir. E, por sua vez, como *me* fazia sentir.

Seus gestos e palavras amorosos sempre me desconcertavam porque eu não sabia se eram reais ou inspirados pelo álcool. Entendo que, às vezes, quando a pessoa bebeu um pouquinho além, se sinta mais ousada para dizer e fazer alguma coisa, mas não pode ser assim o tempo todo. Quando chegamos a um ponto em que eu não conseguia mais ajudá-lo, sugeri que procurasse apoio fora do relacionamento. Embora a última coisa que eu quisesse fosse deixá-lo com raiva ou que se sentisse abandonado, foi exatamente o efeito que provoquei. Ele achou que eu tinha desistido, apesar de ter sido o oposto: eu acreditava tanto nele que não aguentava vê-lo desperdiçar seu tempo, sua energia, sua vida. Meu namorado estava em um relacionamento com o próprio vício, e eu não era uma versão saudável de mim mesma. Tinha consciência de que terminar o relacionamento era a escolha certa; também sabia o quanto o amava. Esperava que talvez um dia pudéssemos dar certo de novo, em circunstâncias diferentes. Mas ele não conseguia entender nada disso no estado em que se encontrava. Aquilo me destruiu.

Concluí que precisávamos dar um tempo para nos concentrar em nós mesmos e talvez, depois disso, conseguíssemos funcionar melhor como casal. Durante esse tempo, ele buscou ajuda e levou o tratamento muito a sério. Quando o vi novamente pela primeira vez desde o término, percebi que tinha feito um esforço enorme e se tornado mais lúcido, consciente e confiante. Ele também reconheceu o alcoolismo, um momento muito importante e poderoso. Eu acreditei nele, acreditei nas mudanças que tinha feito, e, apesar dos problemas passados, nosso amor era inegável. Naquele momento eu enxergava uma esperança imensa no futuro. O cara que eu amava estava sóbrio, tinha procurado ajuda e queria tratar seu vício. Então por que, depois de tudo aquilo, nosso relacionamento não teve um final de conto de fadas? Até hoje não sei. Mas um ponto a observar era que, sim, ele estava sóbrio, mas tinha começado a beber cervejas sem álcool em excesso. Ele estava substituindo um vício pelo outro, sem lidar com a raiz do problema. Tendo feito algo parecido com meus próprios vícios, eu sabia como era amenizar a situação se distraindo com outra coisa. Tirando o foco do problema principal. No caso dele, não beber era metade da batalha. A outra metade era enfrentar o motivo pelo qual a necessidade existia. À medida que ele parou de procurar apoio e de frequentar grupos de ajuda com regularidade, seu sofrimento voltou, com a mesma ansiedade e insegurança de antes. Notei pequenas mudanças em seu comportamento conforme os antigos hábitos voltavam. Só que, dessa vez, eu conhecia melhor a mim mesma e nossos antigos gatilhos e expressei veementemente minhas preocupações. Mais uma vez eu o encorajei a procurar apoio profissional, mas, no instante que toquei no assunto, ele desapareceu e nunca mais tive notícias.

Quando pensava em nosso término bizarro, sentia que talvez eu tivesse dito a coisa errada ou lidado com a situação de modo equivocado. Caiu sobre mim uma sensação de culpa por ter terminado da primeira vez e por não ter conseguido consertar a situação na segunda. Foi preciso lembrar a mim mesma de que não fui eu quem o levou a fazer aquelas escolhas. Suas ações claras e seu silêncio, definitivo e absoluto, falavam muito. Eu não podia consertá-lo. Para sempre ele terá um lugar em meu coração e vou querer protegê-lo, mas por mais que eu o amasse e vá amá-lo eternamente, só meu amor não seria capaz de contrabalançar sua falta de amor-próprio. Aguentei seus problemas da melhor forma que pude, e parei de me arrepender pela maneira como agi diante da situação. Confiei nos instintos e sentimentos, e jamais desisti dele. Até hoje é assim. A única diferença é que percebi o que não era saudável para mim e impus limites. Precisei me valorizar para não comprometer minha saúde em virtude do bem-estar de outra pessoa. E isso não é egoísmo ou motivo para me sentir culpada. É uma postura inteligente quando enxergamos que é necessário nos amarmos mais e nos posicionarmos. Hoje em dia reconheço que, ao fazer isso, não dialogava com ele. Mas com seu vício, que se recusava a me escutar.

Lidar com a batalha de meu ex com o álcool me preparou para o futuro de modo que eu não esperava, sobretudo quando finalmente reconheci que a de meu pai estava cada vez pior. Eu não tinha percebido o quanto meu pai bebia até que aquilo se tornou um problema sério aos meus 20 e poucos anos. Eu estava no final da adolescência quando começou, mas naquela época eu ainda não tinha namorado ninguém com problemas de vício e não sabia como era. Depois que vivenciei a experiência, não conseguia enxergar outra coisa. Percebi como ele escondia bem, uma capacidade que eu mesma tinha adquirido com meu distúrbio alimentar. Eu estava sempre com medo de que algo acontecesse a meu pai. Por mais que eu falasse ou expressasse minhas preocupações, o hábito continuou. A bebida era usada como uma ferramenta, um mecanismo de enfrentamento. Eu tinha certeza de que um dia acordaria recebendo uma ligação do outro lado do mundo, dizendo que ele finalmente tinha ido longe demais.

Por sorte, depois de vários apelos, meus, de meus irmãos e de amigos íntimos, meu pai tomou o controle da situação e está sóbrio há anos. Eu jamais desisti dele. Mesmo quando minhas constantes tentativas se tornaram irritantes, minha determinação nunca diminuiu e meu coração continuou esperançoso. Eu sempre dizia a ele que havia um futuro pela frente, muitas coisas para as quais eu ainda precisava dele, como entrar comigo na igreja no dia de meu casamento e conhecer seus netos.

Assim como tinha sido com meu ex-namorado, intervir e dar minha opinião desse modo foram as coisas mais difíceis, frustrantes e dolorosas que já tive de fazer. Um dos aspectos mais difíceis era o fato de aquilo estar fora de minha alçada. Para alguém como eu, que adora estar no controle, era uma tortura. Aprendi que, quando alguém usa álcool ou drogas, substâncias externas, para lidar com ou mascarar algo maior, não é possível resolver até a pessoa entender e aceitar do que está tentando se esconder. Ignorar a raiz do problema significa nunca melhorar. Meu pai não conseguia reconhecer que precisava parar até querer isso para si mesmo. A ajuda que eu podia dar era limitada. E eu precisava entender isso.

Não é surpresa que depois de todas essas experiências eu tenha desenvolvido uma dificuldade para confiar nos outros. Por um bom tempo duvidei de qualquer homem que me elogiasse enquanto estivesse bebendo. Eu não conseguia aceitar palavras de carinho sem me perguntar se quem falava era o cara ou o álcool. Todas as conversas e interações eram questionadas. Talvez ele não quisesse mesmo viajar comigo ou me apresentar aos amigos e à família, no fim das contas. Talvez não me amasse. Talvez nem gostasse muito de mim enfim. Até com caras que não tinham problemas com álcool... bastava estarem um pouquinho altos e dizer coisas legais que minha pele pinicava. O medo se tornou um veneno, arruinando muitos momentos potencialmente genuínos e lindos. Agora me esforço muito para não projetar minhas experiências passadas nos outros. Não tenho como controlar o comportamento dos outros. E não posso viver duvidando de tudo o que me dizem.

Ter um relacionamento como vício me impediu de estar em relacionamentos reais e progressivos com os viciados. No final das contas, quanto mais eles se recusavam a admitir o problema, mais era eu quem sofria. Mais era eu quem duvidava de que havia feito o suficiente. Sido o suficiente. Onde isso me levaria? Por que eles sempre desapareciam ou se voltavam para as drogas? Do que estavam fugindo? Eu me sentia idiota e desrespeitada. Eu me sentia tola. Mesmo assim, hoje sei que essas experiências me tornaram mais forte e muito mais consciente. Meus olhos estão bem abertos. Eu me conheço melhor que nunca e confio em meus instintos quando me avisam que algo não está certo. Não quero me ver outra vez em uma situação na qual eu seja enganada ou tirem vantagem de mim. Além disso, dói demais investir em alguém que prefere dominar a arte da autodestruição a enfrentar os próprios problemas e admitir que precisa de ajuda. Pedir ajuda nunca é sinal de fraqueza. É uma das coisas mais corajosas que se pode fazer. E isso pode salvar uma vida.

Agora vejo a comida como combustível para o corpo e para a mente, e não algo a temer. Sem ela, não posso me fortalecer — emocional, mental ou fisicamente.

12

COMIDA COMO COMBUSTÍVEL, NÃO COMO CASTIGO

"O amor é o ingrediente mais importante" — a frase é meio brega, mas totalmente verdadeira. Cozinhar com o coração é o que cria a comida com alma, os pratos sem os quais não conseguimos viver. Por um bom tempo, eu não entendia isso. Não reconhecia a importância de alimentar meu corpo e minha mente. Levei décadas para começar a cozinhar, para ver a prática como algo poderoso, e não apavorante. Quando era criança, gostava de ficar na cozinha e experimentar a comida caseira de minha mãe. Ficar com ela enquanto comíamos e conversávamos sobre nosso dia era algo pelo qual eu esperava ansiosamente. Mas, embora adorasse os rituais associados ao ato de cozinhar, não me esforçava para botar a mão na massa. Muitas amigas preparavam bolos desde pequenas e levavam seus doces deliciosos para vender na escola ou de surpresa. Eu, não. Então corta para o ensino médio, no auge de minha luta contra os distúrbios alimentares e nem preciso dizer que aprender a cozinhar continuava longe de minhas prioridades. Só depois dos 20 anos, depois que realmente comecei a aceitar meus problemas com a comida e a namorar um cara que eu amava de verdade, decidi mudar.

PERDIDA NA COZINHA DESDE SEMPRE.

Lá no fundo, eu queria poder cuidar das pessoas que amava e lhes proporcionar conforto. Há certa força em oferecer algo a outra pessoa, e eu queria me sentir forte. Há muito tempo eu tinha esse desejo de me tornar a epítome da feminilidade no sentido de cuidar e nutrir, e fiquei determinada a finalmente realizar isso. Por coincidência, meu namorado na época foi o primeiro cara com quem imaginei ficar por muito tempo, talvez até me casar, e queria começar a aperfeiçoar algumas habilidades que negligenciara. Cozinhar para ele podia criar uma associação nova e positiva com a comida, e trazer de volta os elementos divertidos e sociais que eu adorava no ato de comer. Acima de tudo, toda aquela empreitada era uma escolha minha, algo que me permitiria recuperar parte do controle que o transtorno tivera durante tempo demais. Finalmente eu me sentia confiante e corajosa o suficiente para entrar de cabeça.

Para explicar melhor os papéis que a comida e o ato de cozinhar desempenharam ao longo de minha vida, vou voltar um pouquinho no tempo. Para começar, a comida ocupou um lugar muito alegre em minha infância, e só tenho boas lembranças. Eu passei meus anos na Inglaterra cercada de fazendas e produtos locais. Lembro de incríveis iguarias inglesas, pubs das redondezas e tradições culinárias. Quando nos mudamos para Los Angeles, minha mãe e eu criamos o hábito de fazer compras juntas, toda segunda-feira, depois da escola. Planejávamos o cardápio da semana e cumprimentávamos todos os nossos amigos que trabalhavam no supermercado, que se tornou um de nossos pontos de encontro locais. As compras se tornaram um evento, com direito a cookies de graça e provinhas de comida. O mesmo acontecia sempre que íamos visitar a Inglaterra. Uma das primeiras coisas que fazíamos era dirigir direto até o supermercado e comprar tudo de que tínhamos sentido falta, nossas comidas reconfortantes: queijo cheddar curado, Marmite, cebolas em conserva, biscoitos digestivos de chocolate, Jaffa Cakes, pãezinhos e linguiças. Eu saía correndo, pegando petiscos nas prateleiras, ou passava minutos observando todas as opções. Passávamos o que pareciam horas discutindo ingredientes e planejando o jantar. Depois íamos para casa e eu me sentava à mesa da cozinha, olhando e sentindo o cheiro de tudo enquanto minha mãe cozinhava. Então, nas primeiras noites, por mais que comêssemos no jantar, nós duas acordávamos no meio da noite, como se despertadas por um reloginho, e comíamos feijões assados com torradas, chá e biscoitos. Era nosso remédio habitual para o jet lag. A comida era uma diversão, uma cura, algo positivo.

Talvez por ser uma habilidade tão estranha para mim, também fiquei fascinada pela ciência e pelo processo de cozinhar, ao vivo ou na TV. Sempre fui uma grande fã de programas de culinária desde a estreia de Top Chef. Eu assistia um episódio atrás do outro de todas as competições culinárias imagináveis, salivando com as travessas e pratos. Os chefes usavam ingredientes dos quais eu nunca havia ouvido falar, de formas que eu jamais imaginara, e sua criatividade e paixão eram contagiantes. Também comecei a aprender sobre opções veganas, e achei interessante perceber que, mesmo que o preparo fosse muito simples, os pratos pareciam deliciosos porque substituições não significam ausência de sabor. Eu passava um tempão namorando incontáveis livros de receitas nas minhas livrarias preferidas, muitos dos quais agora decoram a bancada de minha cozinha. Durante umas férias de verão li esse livro chamado *Eat Cake*, que contava a história de uma mulher já em idade avançada, que começava um negócio para vender bolos. O livro narra a jornada que mudou sua vida para sempre, emocional e fisicamente. Eu me lembro de pensar: se ela podia começar a fazer experiências, por que não eu?

Bem, preciso contar: meus transtornos alimentares não me deixaram. Quando a anorexia e a bulimia dominaram minha vida, eu não podia me permitir um petisco de vez em quando, muito menos colocar algo na boca se não soubesse os ingredientes e a quantidade exata de calorias. Regular meu consumo de comida já era bastante estressante sem tentar coisas novas. A ansiedade que cercava o que eu escolhia comer se transformou em um medo de ficar à vontade, e minha atitude relaxada em relação a coisas novas deixou de existir. Mas não consegui abandonar certos hábitos, e ainda me via passando séculos parada nos corredores dos supermercados analisando diferentes itens... e só. Já que eram proibidos, o que antes fora um prazer se tornara uma tortura autoimposta.

Então chegou um dia, depois de batalhar muito e por muito tempo com meu transtorno, em que não aguentei mais. Eu estava cansada de ser controlada pela comida. De morrer de medo de comer certas coisas porque achava que me engordariam ou porque me sentiria culpada por me permitir. E estava farta de me sentir impotente na própria cozinha, de folhear revistas de culinária a esmo e de chegar a festas de mãos vazias. Era ridículo ter 24 anos e não saber cozinhar. Eu precisava e queria ser mais independente. Então reuni os manuais de instruções dos eletrodomésticos e entendi seu funcionamento, desde ligar e desligar até as funções especiais. Depois passei um tempão sentada diante do computador e procurei por todo tipo de receita. Meu namorado na época, que tinha parcialmente inspirado a empreitada, fazia uma dieta sem glúten, e eu queria poder atender a essas novas restrições alimentares. Os ingredientes básicos das preparações tradicionais estavam proibidos. E, enquanto eu estava ali, por que não criar um desafio ainda maior fazendo receitas sem glúten E veganas? Talvez assistir religiosamente a todos aqueles programas de culinária desse resultado! Mesmo que não desse, eu nunca tomara o caminho mais fácil — por que começar agora?

Depois de imprimir um monte de receitas que pareciam deliciosas e suficientemente fáceis, saí para resolver mil coisas. Não contei a ninguém o que estava tramando para o caso de fracassar de forma épica. Não queria colocar ainda mais pressão sobre mim mesma (eu já faço isso muito bem sozinha...) Então, entrei em uma loja de acessórios de culinária com uma lista dos utensílios de que precisava, e dei início a um surto de compras. A parte mais difícil de um lugar como esses é que, de repente, você começa a se convencer de que precisa de coisas das quais nunca sequer ouviu falar. Quem sabe, talvez vá precisar de um descascador de abacates! Ou de dez bicos para confeitar cupcakes! Ou de uma faca de manteiga que se aquece sozinha! Quinze formas de tamanhos diferentes! Um medidor em forma de elefante! Mas mantive o controle o melhor que pude, e me concentrei no que realmente precisava para os pratos que planejara. Quando minhas mãos estavam cheias, paguei e fui para o supermercado.

ESTÁ AÍ UM UTENSÍLIO SEM O QUAL NÃO CONSIGO VIVER.

Explorar aqueles corredores foi uma luta nova e diferente. Passei por prateleiras para as quais, semanas antes, eu teria olhado com vontade, mas sem me atrever a levar nada. Perguntei a vários funcionários onde certos ingredientes ficavam e, às vezes, o que eram, porque não reconhecia os sem glúten. Aquele lugar parecia um labirinto, mas, quando saí, me senti ainda mais realizada. Agora só precisava juntar tudo e torcer para não começar um incêndio!

Em casa, retirei as coisas das sacolas e comecei a trabalhar. Separei tudo por prato e tracei um plano. Minha missão era simples: criar um jantar com vários pratos para minha mãe. Não contei a ela que seria minha provadora oficial porque queria fazer surpresa. E, para ser sincera, não queria que ela ficasse acompanhando toda hora o status de meu progresso. O cardápio seria guacamole caseiro com chips; uma salada de quinoa gelada com cebolas, tomates, pepino e alho; e salmão no papel-alumínio com legumes, ervas, limão e agave. De sobremesa: cookies de quinoa com gotas de chocolate que logo se tornariam minha especialidade.

Organizei tudo, liguei o timer, coloquei uma música e fui em frente. E quer saber? Dominei aquela cozinha. Posso ter levado três horas para deixar tudo perfeito, mas fico superorgulhosa de dizer que não estraguei nada. Fui provando tudo enquanto preparava, temperando a gosto. Eu não conseguia acreditar que estava dando certo! Que eu, Lily, reconhecidamente um zero à esquerda na cozinha, estava mandando bem em cada receita.

A MESTRE CONFEITEIRA TRABALHANDO: FRENESI
DE MUFFINS NA ZONA RURAL INGLESA.

Quando cheguei aos cookies, minha confiança estava lá em cima. Meu forno não sabia no que estava se metendo. Fiz a massa e deixei na geladeira para firmar por quarenta minutos enquanto limpava as bancadas e guardava tudo. Enrolei bolinhas daquela delícia pegajosa e as arrumei cuidadosamente em duas assadeiras. Levei ao forno e rezei. Não acho que meus olhos tenham se desgrudado daquela porta de vidro uma única vez. De vez em quando, eu a abria para sentir o cheiro, e só isso era o suficiente para me deixar alegre. Quando finalmente terminaram de assar, deixei os cookies esfriando enquanto arrumava todas as comidas em recipientes para servir e ligava para minha mãe, avisando que eu estava a caminho com uma surpresa. Antes de sair, tirei um instante para fechar os olhos e dar uma mordida em um cookie. Acho que nunca vou conseguir descrever o quanto aquele momento significou — como, em um segundo, aquela única mordida mudou minha vida. A consistência, o sabor e a temperatura criaram a mordida mais deliciosa do mundo. Sei que deve parecer muito estranho e insignificante, e que talvez vocês estejam pensando: "É só um cookie, garota. O que tem de mais?" Mas, para alguém que tinha passado tanto tempo morrendo de medo de doces, e que se sentia culpada por sequer pensar em preparar uma sobremesa, um cookie *tão bom* quanto aquele, preparado por *mim*, era algo importante. Fiquei muito orgulhosa. Tinha encarado um medo de frente, e vencido.

A FORNADA ÉPICA DE COOKIES DE QUINOA COM GOTAS DE CHOCOLATE QUE MUDOU MINHA VIDA.

Então lá fui eu, compartilhar meu sucesso com minha mãe! Mal podia esperar para ver sua reação. Quando abri a porta, entreguei uma pilha de potes e disse que tinha feito o jantar, ela simplesmente olhou para mim e riu. Eu repeti o que dissera, e abri todos os potes. Ela fez silêncio. Lembre-se: em todos os seus 24 anos de maternidade, ela jamais me vira fazer sequer uma torrada. Corajosamente, ela pegou um prato, serviu-se de tudo e deu a primeira garfada. E adivinhem só? Ela AMOU! Levou alguns minutos para acreditar que realmente tinha sido eu quem havia preparado tudo aquilo, mas, quando a ficha caiu, ela não parava de elogiar. Por mais curiosa que eu me sentisse para vê-la terminar, não fiquei. Mas a fiz se adiantar e provar um cookie antes que eu fosse embora, o que ela também amou! Até hoje ela sempre me pede para prepará-los, assim como vários de meus amigos.

Minhas incontáveis horas trabalhando na cozinha naquele dia valeram a pena. Eu desenvolvi uma nova obsessão, mas uma que realmente mudou minha vida e minha perspectiva em relação à comida. Aquilo se tornou um degrau para explorações muito maiores. Estou sempre procurando receitas no Google só por diversão, para servir em jantares e feriados. Jamais teria pensado que a cozinha de minha mãe em Los Angeles, aquela onde eu costumava vê-la preparar nossas refeições, abrigaria os petiscos que agora levo para ela. Até mudei o jeito que via minha cozinha na casa onde cresci na Inglaterra. Sempre que a visitamos, não fico mais sentada à mesa, lendo. Quando nos reunimos para Natal, eu contribuo com o banquete levando meus próprios pratos, incluindo meu bolo de especiarias natalino. Levo dias para preparar e planejo com muita seriedade. Não preciso nem falar da decoração, certo?

Comecei a preparar petiscos até nos sets de filmagem: brownies, cupcakes, muffins, pães, *macaroons*, bolos, donuts e tortas. Cozinhar virou uma espécie de terapia, uma válvula de escape. A cada dia que passa, faço progresso com meus transtornos; a cada nova tentativa de preparar uma receita aprendo novas lições. Nem todos os meus pratos ficam iguais às imagens da internet, mas são sempre cheios de amor e trabalho duro, e é isso o que importa.

Posso ter começado a fazer experiências na cozinha por causa de um cara, mas esses dias já passaram há muito tempo. Hoje em dia minha motivação é me sentir bem. Cozinhar me proporciona tempo para mim, momentos em que posso me desligar e ser criativa. Seguir um passo a passo e prever o resultado final me traz calma, mas também consigo experimentar aquela sensação de liberdade quando me desvio da receita e improviso. Ser bem-sucedida é especial e importante. Mas também logo aceitei os fracassos na cozinha, porque, às vezes, a gente erra nas proporções, e o que achávamos ser uma ideia fabulosa na verdade se prova um enorme desastre. É nesses momentos que aprendo com meus erros e me preparo para não os repetir. Isso me ajuda a me soltar, ser mais livre e banir sentimentos de culpa e vergonha acerca do que como. Agora vejo a comida como um combustível para minha mente e corpo, e não como algo assustador. Comida é combustível, não castigo. Porque sem ela, não posso me fortalecer emocional, mental e fisicamente. Além disso, é muito bom me mimar e colher os benefícios de minhas próprias criações. Até meus irmãos mais novos amam o que preparo, e isso não é pouca coisa, porque fazer crianças gostarem de alternativas "saudáveis" nem sempre é fácil, sobretudo quando envolvem chocolate vegano. Agora recebo pedidos de amigos de várias cidades, até de outros países, para levar potes com coisas que preparo quando viajo. A culinária se tornou um presente para mim e para muitas outras pessoas ao redor. Acho que posso dizer que oficialmente me tornei aquela garota, uma legítima cozinheira que agora é mais empoderada que controlada pela comida.

#PRIORIDADES

Escolher como e quando admitir minhas verdades me permite recuperar o poder que minhas inseguranças haviam roubado.

13

REVELANDO NOSSOS SEGREDOS

Não é segredo que nós, mulheres, queremos estar e nos sentir sempre o mais bonitas possível. É segredo, no entanto, o modo como essa pressão pode nos deixar inseguras. Afirmamos saber que toda mulher se sente dessa forma, e, mesmo assim, nos surpreendemos quando outra garota — sobretudo uma celebridade — admite tal coisa abertamente. Talvez certas preocupações, ou até "fraquezas", pareçam tabu e bobas demais para discutir, sobretudo quando ser bonita supostamente deve ser fácil. Mas, se falássemos abertamente sobre nossos medos, acho que nos sentiríamos melhor.

Todas sabemos como é ser mulher no século XXI. Talvez tenhamos experiências diferentes, mas, seja qual for nossa jornada particular, sabemos dos treinos exaustivos e dos padrões de alimentação cautelosos. Por isso sempre achei óbvio que eu enfrentava as mesmas inseguranças físicas e vergonhas que outras mulheres de todo o mundo. Mas, claro, isso não é nada óbvio! Então quero revelar meus segredos a você.

Foi uma conversa recente com a filha de 14 anos de uma amiga — que vou chamar de Grace — que abriu meus olhos para essa noção errônea. Percebi que, por não falar dessas inseguranças e de como as enfrento diariamente, simplesmente passo a imagem de não as ter. Eu e Grace começamos a conversa falando de moda e escola, e então passamos a comida e exercícios. Ela se abriu na hora, expressando sua frustração por não ser igual às garotas que via nas revistas. Ela contou como era irritante elas não precisarem se esforçar para ter aquele visual e que nunca tinham vergonha de si mesmas — uma teoria na qual passara a acreditar depois de ler várias matérias em que atrizes diziam que nunca faziam dieta e que detestavam exercícios. Grace disse que ela e todas as amigas achavam que todas as modelos e atrizes tinham nascido magras e perfeitas.

Para começo de conversa, eu não me importo com quem você é e o que você faz: ninguém é perfeito. A perfeição é um objetivo inatingível, um conceito que demorei um tempão para entender. Quando mais nova, me prejudiquei muito tentando alcançá-lo.

E o fato de que aquela garota forte e linda acreditava que todo mundo que ela via nas revistas, inclusive eu, era perfeito... bem, aquilo me perturbou demais. Como ela e suas amigas podiam achar que eu estava a salvo de ter inseguranças e me preocupar demais com minha aparência? E, pior ainda, como podiam achar que eu acordava todos os dias, comia cheeseburguers (eu nem como carne vermelha), boicotava a academia e ainda tinha a aparência que tenho (que, aliás, não é mais especial que a de qualquer outra mulher)? Mas ela acreditava. Ela estava deixando o padrão impossível imposto pela mídia determinar o próprio valor. E olhando nos olhos dela, percebi que aquilo a deixava aflita e desanimada. Uma palhaçada sem tamanho.

No momento que Grace terminou de falar, aproveitei a oportunidade para abraçá-la. E para dizer que ela havia entendido tudo errado. Desde sempre trabalhei muito duro para me sentir confiante. A última coisa que quero é que ela se sinta inferior ou mal em relação a si mesma com base em uma falsa percepção de quem sou. Sobretudo porque vejo muito de mim naquela mesma idade refletido nela.

Quando eu tinha 14 anos, não sabia como me sentir com meu corpo, como equilibrar seu crescimento e a vontade de controlá-lo, como silenciar as vozes em minha cabeça, dizendo que eu não era bonita o suficiente, magra o suficiente, boa o suficiente. Penso naquela época e sei que era nova demais para me preocupar com tudo aquilo. Eu não deveria estar tão ligada na aparência ou em como me privar das coisas em virtude dela. Eu não me permiti ser apenas simplesmente uma garota comum e deixar a natureza fazer seu trabalho. Sem dúvida eu não permitiria que minha jovem amiga fizesse o mesmo.

Eu estava determinada a garantir que Grace soubesse que todas enfrentamos essas preocupações, e que não existe um filtro mágico separando as mulheres das páginas das revistas das que as leem. Afinal de contas, eu ainda me vejo olhando revistas e me comparando às fotos, apesar de saber a quantidade de Photoshop e alterações pelas quais passaram. Ainda sou influenciada e impactada por essas imagens e pelas coisas que leio, incluindo aquelas mesmas entrevistas nas quais as atrizes dizem odiar academia e comer tudo o que querem. Embora saiba *muito bem* que seu objetivo é criar certa imagem.

Enquanto eu conversava com Grace sobre todas as outras coisas importantes da vida nas quais temos de nos concentrar — como manter um estilo de vida saudável, conhecer nossas necessidades e saber com que combustível alimentar o corpo, e usar com menos frequência palavras como "dieta" em conversas sobre comida — também admiti que a extrema atenção a tudo isso desempenhou, em certos momentos, um papel fundamental quando eu era mais nova. Me impediu de aproveitar os momentos, de estar presente e desfrutar a vida.

Não posso mudar o passado nem desejaria. Tudo o que posso fazer é seguir em frente, usar o que aprendi e passar qualquer conhecimento para Grace e outras jovens que talvez nem saibam que precisam ouvir isso. Embora não acredite que meus problemas de autoimagem desapareçam completamente algum dia, hoje estou mais consciente e os vejo sob uma perspectiva diferente. Eu me alimento bem e treino para me sentir mais forte e saudável. O que eu busco é ter a melhor aparência possível para mim mesma, não para os outros. Aprendi a não deixar a preocupação com a imagem corporal e a percepção alheia me controlarem. Então me cerco de mulheres positivas e otimistas que me ajudam a me sentir encorajada, inspirada e empoderada para trabalhar com ainda mais afinco. Porque me sentir bem com meu próprio corpo é a maior recompensa.

Quando terminamos a conversa, o olhar de Grace não teve preço. Vi um peso imenso ser retirado de seus ombros e senti seu alívio. Por mais estranho que pareça, também me senti mais leve. E muito feliz. Porque, naquele momento era como se eu tivesse conversado com meu eu mais jovem. Era eu, implorando à Lily de 14 anos para abandonar as dúvidas sobre si mesma e aceitar quem era, acolhendo a mais pura sensação de liberdade de ser quem é.

Eu me considero sortuda por ter tido a oportunidade de revelar minha verdade, porque isso não só me aproximou de Grace, como também me ensinou muito sobre mim mesma. Quem dera na adolescência eu tivesse tido alguém com quem conversar e me identificar, alguém de minha idade que estivesse lutando contra as mesmas coisas que eu. Ansiedades e problemas não desaparecem

do nada se não falarmos deles. Na verdade, não temos como lidar corretamente com eles se não nos abrirmos. Minha conversa com Grace me lembrou do quanto a mídia sempre teve um grande papel na forma como eu me via em comparação a outras mulheres, e no jeito com que essas mulheres me veem. E agora, mais que nunca, tenho consciência do quanto a linha entre a realidade e a ficção é tênue. Mesmo quando acho que tenho algum controle sobre a forma como sou percebida, isso não é verdade. Essa consciência me encorajou a ser ainda mais honesta comigo mesma em relação a minhas inseguranças e a estar disposta a compartilhá-las.

Talvez se eu tivesse agido mais dessa forma na idade de Grace, não tivesse me sentido como se estivesse passando por tudo aquilo sozinha. Escolher como e quando admitir minhas verdades agora me permite recuperar o poder que minhas inseguranças haviam roubado. Não vou mais deixá-las ditar a forma como levo a vida. Afinal de contas, guardar meus segredos nunca adiantou nada. Se os tivesse contado a alguém em quem confiasse, poderia ter me sentido mais conectada e amparada. E é isso o que importa.

Ao compartilhar, descobrimos que não estamos sozinhos, que não somos tão diferentes, afinal de contas. Somos todos humanos. Todos queremos nos sentir parte de algo maior.

14

FALE MAIS,
CRIE CONEXÕES

Acho incrível o quanto conseguimos nos identificar com outras pessoas, mesmo desconhecidas, quando estamos dispostos a nos abrir e compartilhar. Não consigo contar as vezes em que estive em grupos aleatórios onde as pessoas acabaram se conectando por causa de dificuldades amorosas mútuas, problemas de família ou medos cotidianos. Isso é estar vivo: passar por coisas semelhantes, compartilhar experiências familiares e vivenciar as mesmas sensações. Somos todos humanos. Todos queremos fazer parte de algo maior. Mas, às vezes, embora reconheçamos esse instinto comum de conexão, ficamos presos em nossos pensamentos, nos convencendo de que ninguém mais conseguiria entender nossos problemas, de que estamos deslocados. Acabamos nos tornando o próprio inimigo e nos isolamos dentro de nós mesmos, mas esse tipo de isolamento torna mais difícil para os outros se aproximar quando mais precisamos. Então descobri que é melhor conversar com alguém sobre o que está acontecendo; isso alivia o estresse e o medo porque é provável que a outra pessoa saiba o que estou enfrentando. Talvez também já tenha passado pela mesma coisa, ou conheça alguém que tenha. Escutando e sendo compreensivas, essas pessoas podem nos ajudar a organizar nossos pensamentos e nos acalmar, assim como fiz com Grace.

Uma conversa não começa a não ser que alguém fale. Para que isso aconteça, precisamos nos sentir protegidos, e criar um ambiente seguro é crucial. Não importa se é um cômodo com duas ou duzentas pessoas, sem esse espaço e liberdade, não podemos nos abrir completamente. Na Harvard-Westlake eu fazia parte de um programa chamado Apoio de Pares. Ele era formado por grupos com dois líderes, dois trainees e vários alunos, e tínhamos reuniões de duas horas toda segunda-feira em salas designadas para isso. Eu participei no décimo, no décimo primeiro e no décimo segundo anos, e o ambiente de suporte me inspirou a me abrir e canalizar meu amor por escutar e me conectar. Eu me tornei confiante para compartilhar muito sobre mim mesma, e encorajei os outros a fazer o mesmo. Aprendi a dar apoio e ajudar alunos mais tímidos a usar sua voz. O ambiente nunca era clínico nem intimidador, e, como não havia adultos e tudo era confidencial, todos ficávamos menos nervosos e mais receptivos. Talvez você ache que essa regra de sigilo seria completamente ignorada — afinal de contas, o ensino médio é conhecido por ser *a* época das fofocas e deslealdades. Mas não era o caso. O programa era muito benéfico, especial e importante para nós, e a confidencialidade era sagrada. Éramos pares que apoiavam uns aos outros, e não pares que simplesmente existiam simultaneamente num mesmo espaço. Um grupo de desconhecidos se tornou um grupo de amigos que compartilhava experiências e sentimentos comuns a todos. De repente o ensino médio, um local que parecia tão grande e assustador, se tornou muito mais acolhedor e incentivador. Pessoas com quem nunca achei que teria nada em comum se tornaram uma parte incrível de minha jornada nesses três anos. Eles eram ombros para chorar, rostos para os quais sorrir e garantia de risadas. Desabafar e revelar nossos segredos e medos mais profundos nos permitia nos livrar de muitas emoções negativas. Não tinha a ver com dar conselhos, mas sim com ouvir e fazer perguntas pertinentes, permitindo aos outros encontrar as próprias soluções. Esse simples ato e sua reciprocidade se tornaram uma dádiva poderosa e influente — que guardarei para o resto da vida.

Até hoje valorizo o que aprendi com o Apoio de Pares e adoro encontrar membros do grupo e me lembrar daquela época. O programa não só me deu uma sensação de pertencimento, mas também a certeza de que compartilhar minha história não precisa ser tão assustador. Falar o que pensamos e deixar os outros se aproximarem

NÃO TEMOS WI-FI. CONVERSEM ENTRE SI.

é um passo fundamental para a autorreflexão, para descobrir quem somos e navegar pelas águas escuras do crescimento.

Por causa da importância que o Apoio de Pares teve para mim, decidi me dedicar a esse tipo de ajuda e participar de organizações com uma missão parecida. Minha mãe era da diretoria de um centro de aconselhamento local em Beverly Hills, e, depois de anos vendo seu envolvimento, me tornei seu membro mais jovem. Durante o tempo que participei, ajudei a arrecadar dinheiro e a estabelecer um programa cuja missão era a mesma dos Apoios de Pares: conectar membros do grupo através do diálogo. Ali, entretanto, os grupos incluíam jovens e pais (parentes eram separados em grupos diferentes para evitar constrangimento). Ao envolver ambas as gerações na conversa, a esperança era de que um pai pudesse aprender algo novo com alguém da idade de seu filho, e vice-versa. Queríamos atravessar o abismo entre gerações e promover a conversa em casa como uma forma de crescimento e de aprimorar a compreensão. Ao compartilhar, aprendemos que não estamos sozinhos e que não somos tão diferentes assim. Podemos fazer a diferença não apenas para aqueles de quem somos próximos, mas para aqueles que sequer conhecemos.

Acredito que esse tipo de impacto pode acontecer em pequenos grupos ou entre multidões com milhares de pessoas, e foi por isso que me envolvi em um evento chamado We Day, ou Dia de Nós em português. Os We Days comemoram a juventude que está contribuindo para sua comunidade e promovendo o empoderamento ao redor do mundo. Foi uma grande honra falar para essas multidões — certa vez, eram 18 mil pessoas! —, que se dedicam a disseminar o amor e a aceitação e a fazer a diferença.

AS GAROTAS COLLINS REPRESENTANDO A REVOLUÇÃO NO WE DAY.

Tive o prazer de conhecer muitos jovens corajosos e inspiradores que se opõem ao bullying, encorajam a compreensão e a aceitação das diferenças e falam de questões que afetam a todos nós. Eles são a prova de que todas as nossas histórias importam. São a prova de que compartilhar o que vivemos é fundamental. Não importa de onde somos, nossa aparência, nossa idade ou quem amamos — todos merecemos falar e nos conectar. Todos merecemos fazer parte de algo maior. Porque fazemos.

Quanto mais gente carismática você conhece, mais seu caráter se constrói. Quanto mais interessante sua história, mais interessante sua vida.

15

DA CANETA PARA
O PAPEL E ALÉM

Contar histórias é uma das ferramentas mais universais que podemos usar para nos identificar uns com os outros. Através das histórias passamos emoções, comunicamos ideias e nos conectamos com gente do mundo inteiro. Podemos contar nossas histórias escrevendo-as em diários para nossa própria reflexão; colocando palavras em um livro, roteiro ou no post de uma rede social; ou falando publicamente para um grupo ou diante de uma câmera. Mas independentemente de como escolhemos fazer isso, o importante é nos abrirmos e compartilhar. Sei que é mais fácil falar que fazer — escrever este livro foi uma grande lição nesse sentido. Deixar as pessoas se aproximarem é difícil. Temos medo de ficar vulneráveis, de nos sentir julgados ou de parecer fracos. Entretanto, é usando nossa voz, tanto escrita quanto falada, que nos fortalecemos. Contar histórias nos permite criar conexões e começar conversas nas quais descobrimos que nunca estamos sós.

Prender a atenção dos outros ao contar histórias é um verdadeiro dom, que sem dúvida meu pai possui. Quando eu era pequena, ele lia para mim antes de dormir. Não importava que fosse a mesma história toda noite, durante dias. Ele fazia todas as vozes diferentes, e a cada noite o livro ganhava vida de um jeito diferente.

E pouca gente sabe disso, mas ele era ator antes de se tornar músico. Quando ele era criança, fez a Raposa Esperta em *Oliver!* no West End, e depois, já adulto, apareceu em vários filmes e na

TV. Então não é de surpreender que eu goste de contar histórias tanto quanto ele. Está em meu sangue. E, como ele, eu queria compartilhar minhas paixões com outras pessoas, tanto através do trabalho de atriz como pela escrita. Foi a coragem de meu pai em se expor na música e nas letras que de certa forma me inspirou. Colocar a caneta no papel se mostrou uma válvula de escape muito satisfatória para mim, e esse foi um dos principais motivos para eu ingressar no jornalismo aos 15 anos. Certas férias de verão eu estava sentada com minha mãe à mesa de nossa cozinha na região rural inglesa. Eu folheava minhas revistas preferidas quando pensei: por que nunca há coisas escritas por alguém de minha idade? Todas as matérias eram voltadas para garotas jovens, mas sempre escritas a partir de uma perspectiva mais velha. As recomendações dos jornalistas sobre o que *achavam* que garotas iam gostar eram boas, mas eu queria ler alguma coisa escrita por alguém que de fato *soubesse*, alguém que tivesse uma voz e um ponto de vista mais jovens.

Eu e minha mãe começamos a debater ideias e encontramos alguns números para contato ao fim das revistas. Liguei para a redação de cada uma delas e pedi para falar com os editores. Não tinha nada a perder e tudo a ganhar. Eu era apenas uma garota com uma ideia e a motivação para tentar realizá-la. Algumas revistas não atenderam, outras desligaram na minha cara, e duas me passaram para alguém que estava no comando. Uma delas gostou um pouco da ideia, mas não tinha espaço ou tempo para ouvir mais. A outra editora, da *Elle Girl* UK, ficou muito interessada em ver amostras de meus textos e quis se encontrar comigo o mais rápido possível. Eu não conseguia acreditar! Não só tinha conseguido marcar uma reunião, como também precisava criar rascunhos de minhas ideias. Eu só tinha trabalhos de escola no computador e estava sem internet, portanto sem possibilidade de enviá-los. Usando de criatividade, escrevi uma proposta e percorri quilômetros até um cyber café a quilômetros de distância para enviá-la por e-mail. Depois, imprimi algumas fotos e redações antigas de escola para colocar em um portfólio que comprei logo assim que saí do cyber café. Depois escolhi uma roupa fofa, mas profissional, e peguei o trem para Londres. Fiz minha mãe ficar sentada do lado de fora do escritório enquanto eu entrava e explicava meu conceito do que mais tarde se tornaria uma coluna chamada "LA Confidential". Ela abordaria acontecimentos dos lugares mais badalados, gírias novas, atividades e lugares para ver em Los Angeles, com direito a fotos pessoais. O objetivo era simples: escrever uma matéria mensal dirigida a garotas do Reino Unido sobre a vida em Los Angeles. Eu queria que elas se identificassem, morassem em uma cidade grande como Londres ou no interior, como eu um dia havia morado. Claire, minha futura editora, me deu o emprego na hora, e eu fiquei sem fala. Eu fizera algo acontecer com base apenas na paixão e em uma ideia.

sussedgirl

LA Confidential

New correspondent Lily Collins reports from Beverly Hills on the latest trends to hit Hollywood

#1 Flea-market finds, Stateside

'Hey!' Over here in the States, we ELLEgirls always want to know about life in the UK – and from your letters to the team at ELLEgirl UK, it seems you want to know as much about the US. So here goes – this is the first of my monthly reports on new styles, the places to go and updates on what I've been doing, to give you a feel for life as an ELLEgirl on the other side of the Pond.

'But before I get started, let me tell you a little about myself... I was actually born in Guildford, Surrey, so technically I'm a Brit, but my mom and I moved here when I was six. I'll be 16 in March and eligible for my long-awaited driving licence. I'm an aspiring actress/singer and live in the heart of celeb-crowded Beverly Hills. Life over here can be surreal and exciting, but

'FOR A TREAT I HEAD TO THE ROSE BOWL'

underneath all that glamour, it's basically the same – American ELLEgirls are as on the ball, style savvy and SUSSED as they are in the UK!

'My friends and I have recently picked up on the vintage vibe, hitting local flea markets for the best fashion finds. This month I've been to two of the hottest. The Melrose Trading Post flea market at Fairfax High School, which is low-key with a lively atmosphere, is held each Sunday and opens at 10am, and I go whenever I can for an hour or two.

'But for a real treat, I head to the Rose Bowl flea market at 1001 Rose Bowl Drive, Pasadena,

which is on the second Sunday of each month. Due to its early start (ugh!), a stop at Starbucks is a necessity. Armed with an iced chai tea latte and muffin, I head for the vintage clothing and accessories stalls.

'The great thing about flea markets is that they're a social occasion too. Even though Rose Bowl is huge, I always run into people I know. I recently went with a friend and we came back with bags filled with glam gear. I found vintage Lacoste sweaters, cowboy boots, belts, purses and, of course, tons of jewellery. Our motto is: "Better to buy vintage than to spend much more for a brand-name item." You don't have to be a model or a celeb and pay haute couture prices to work the latest runway trend – we do it every day, and most of our styles originate from these flea markets!'

this month I've been mainly...

US B.S. ★★★★★★★★★★
JK (JUST KIDDING)
As in, 'I'm *soooo* mad at you – jk'
'My friends and I always say jk if we come out with something we don't mean. We abbreviate lots of phrases, like brb (be right back), gtg (got to go), and lol (laugh out loud, lots of laughs, loads of laughs, lots of luv).'

ELLEGIRL 117

Fiquei totalmente inspirada e motivada a me conectar com garotas de minha idade no mundo inteiro. Eu era a prova de que é possível ter muito em comum com outras pessoas independentemente do lugar onde mora. Comecei a receber cartas de leitoras dizendo quanto gostavam de minhas matérias, e que até tinham visitado os lugares sobre os quais eu escrevera. Esse feedback fez com que minha editora me designasse a escrever editoriais, mas, antes que isso acontecesse, a *Elle Girl* fechou. Por sorte, quando Claire foi embora, ela me levou junto para o emprego seguinte, onde escrevi algumas matérias. Também comecei a trabalhar como freelancer para a *CosmoGirl* Estados Unidos e escrevi a matéria de capa, entrevistando Scarlett Johansson sobre a importância do voto. Também assinei matérias para a versão online da *Teen Vogue* e da *Seventeen*. Cheguei a me tornar editora convidada da *Los Angeles Times Magazine* (onde recebi meus primeiros cartões de visita)! Eu me sentia uma verdadeira jornalista que não só contava as próprias histórias como também relatava outras que mereciam ser notícia.

Quanto mais eu escrevia, mais encontrava pontos em comum com minhas leitoras. Usei a escrita como uma verdadeira forma de expressão pessoal, como um espaço para compartilhar minhas ideias, perspectiva e voz. Também passei a ter uma plataforma para dar voz a outros. Eu podia fazer perguntas que, eu sabia, gente de minha idade queria fazer, mas tinha medo ou não sabia como. Através de mim, jovens leitoras podiam se informar sobre certos tópicos ou descobrir novas perspectivas a respeito de moda, política, entretenimento, família, autoestima e outras coisas maravilhosas que toda jovem mulher enfrenta. Nenhum tópico era proibido ou constrangedor. E, se isso significava ter de admitir alguma coisa que me envergonhava, tudo bem!

Depois de encontrar minha voz no jornalismo, decidi que queria usá-la para alcançar ainda mais gente. E o meio mais lógico era a TV. A motivação era a mesma de antes: uma voz mais jovem representando a nova geração pode fazer uma diferença enorme. Era muito mais fácil se identificar com uma adolescente contando as histórias, fazendo as perguntas e divulgando as respostas. Então dei ideias de *talk shows* para canais de TV e comecei a trabalhar para o Nickelodeon. Comecei como apresentadora de um programa de verão chamado *Slime Across America* (sim, eu passei por aquele sonho de infância de cair na gosma, e, apesar de ser quente, pegajoso e ter um cheiro meio nojento, foi maravilhoso). Quando esse trabalho terminou, falei com o canal sobre continuar a trabalhar para eles em tempo integral. Comecei a apresentar pequenos segmentos entre a programação normal e a fazer reportagens nos tapetes vermelhos de estreias de filmes, trabalhando até reportar ao vivo do tapete laranja do Kids' Choice Awards.

ANIMADA PARA CAIR NA GOSMA! MEU PASSE LIVRE DE IMPRENSA OFICIAL PARA O TAPETE LARANJA DO KIDS' CHOICE AWARDS DO NICKELODEON.

Também participei da campanha Kids Pick the President [As crianças elegem o presidente] durante a eleição de 2008. Aos 18 anos, já universitária, viajei para as convenções democrática e republicana, perguntando a eleitores, representantes e a outros profissionais da campanha sobre tópicos-chave discutidos pelos candidatos e o que eu devia saber como eleitora de primeira viagem. Também tive a oportunidade de cobrir a cerimônia de posse do presidente Obama em Washington! Estava um frio de congelar, e eu mal conseguia mexer a boca, mas testemunhei a história sendo feita. Foi uma experiência de aprendizado incrível fazer parte de algo tão importante e de um jeito que, além de empolgante, também tinha o poder de criar identificação com outros jovens. Eu estava tendo a oportunidade de dar voz a uma audiência e a uma geração inteiras.

O GRANDE DIA! EM WASHINGTON PARA A NICKELODEON'S KIDS PICK THE PRESIDENT CAMPAIGN 2008.

O impacto, no entanto, não vem apenas do ato de contar histórias. Vem de algo que acontece depois, nas conversas que promovem e inspiram. Estamos o tempo todo nos expondo às cegas, torcendo para criar uma conexão, e é exatamente isso que seu autor, jornalista, ator ou músico preferido fazem todo dia. O que o leva a prestar atenção às palavras deles? O que suas histórias têm que o fazem sentir conectado a eles? Agora pense no quão poderoso aquele livro, matéria, filme ou disco é se afetar pessoas do mundo todo tanto quanto afeta você. Essas histórias nos ensinam, nos unem, nos inspiram. Seus *autores* nos inspiram. E, quem sabe, você também pode ser uma inspiração imensa para alguém. Então continue usando sua voz, honrando seu passado, assumindo sua história e vivendo novas experiências. Quanto mais gente carismática você conhece, mais seu caráter se constrói. Quanto mais interessante sua história, mais interessante sua vida.

Nossos maiores triunfos na vida não chegam sem que tenhamos de passar tanto pelos altos quanto pelos baixos.

16

NADA É POR ACASO

Sempre acreditei que há duas formas de aceitar um não. Você ouve "Não, isso não é para você", ou "Não, isso não é para você agora." Aceitando a derrota, você deixa outra pessoa ditar como deve viver sua vida, e se você é ou não capaz de enfrentar um desafio. Ou você aceita a situação atual como é e encontra um jeito de transformar aquele "não agora" em um "sim depois". Talvez outras coisas simplesmente precisem se encaixar primeiro! A maneira com que você lida com a próxima fase da vida, com o próximo lote de experiências, com todos aqueles obstáculos que o mundo coloca em seu caminho são coisas que definem sua personalidade e o que realmente você deseja para si. Porque aquele bloqueio frustrante na estrada pode abrir caminho para alguma coisa melhor mais à frente. É exatamente o que penso sobre ficar motivada e manter minha atitude positiva, mesmo na mais triste das situações.

Vamos rebobinar. Quando eu tinha 16 anos, queria ser a mais jovem apresentadora de *talk show* de todos os tempos, uma mistura de Tyra Banks, Ellen DeGeneres e Barbara Walters. Uma baita combinação, não acham? Assim como acreditava que as revistas voltadas para o público jovem precisavam de vozes jovens, acreditava que a televisão se equivocava na forma de representar o público de minha idade. Para provar meu argumento, fiz algumas pesquisas, desenvolvendo gráficos e tabelas para uma apresentação. Eu tinha dois conceitos bem diferentes para um programa: uma ideia era ter um painel só com gente jovem, incluindo esta que vos fala, onde seriam discutidos eventos e tópicos atuais. Em seguida seriam entrevistados uma celebridade e um especialista de um campo específico; a outra ideia era que eu entrevistasse celebridades, encontrando-as onde quer que se sentissem mais confortáveis, ou indo a algum lugar que elas amassem para que fizéssemos juntos qualquer coisa de que gostassem: cozinhar em casa, visitar um parque de diversões, fazer uma caminhada ou pintar em um estúdio. Achei que ambos os conceitos teriam um toque mais jovial e moderno que os programas tradicionais.

Então ali estava eu, a Lily de 16 anos, armada com mil impressões e pronta para arrasar. Participei de inúmeras reuniões com executivos de emissoras de TV quarenta anos mais velhos que eu. A maioria se limitou a ficar me olhando e se referindo a mim como uma garotinha boba com ideias grandes demais. Eles questionaram minha audiência, convencidos de que ninguém poderia se identificar com alguém tão jovem. (Isso era, afinal de contas, muito antes que YouTube, Twitter, Instagram, etc. se tornassem populares.) Eles não entendiam qual era minha intenção nem reconheciam que os jovens precisavam de uma voz — *desejavam* uma voz. Eu ouvi não mais vezes do que consigo me lembrar. Embora tivesse uma visão clara, um plano de ataque e a disposição para enfrentar o desafio, não consegui convencê-los a correr o risco e se interessar por um dos dois conceitos.

PRONTA PARA ENTRAR EM AÇÃO: COBRINDO A CAMPANHA PRESIDENCIAL DE 2008 PARA O NICKELODEON!

É aí que meu mantra do "Nada acontece por acaso" faz toda a diferença: na minha opinião, se naquela época as coisas tivessem saído como eu queria, não estaria onde estou agora como atriz. Mas não foi fácil alcançar essa percepção; foi preciso uma boa dose de tempo, alguns questionamentos sobre mim mesma e muita frustração. Depois de conquistar meus primeiros trabalhos como atriz, consegui olhar para trás e reconhecer que não teria seguido esse caminho se algum outro, anterior, estivesse desimpedido. Porque quanto mais a plateia visse a "Lily real" em um *talk show*, mais difícil seria acreditar em mim como personagem de filmes ou séries. Então por mais doloroso que tenha sido ouvir não naquela situação, as portas fechadas foram uma benção disfarçada.

Ao mesmo tempo que tentava lançar o *talk show* — porque, pelo que parece, jamais consigo me concentrar em uma coisa de cada vez! —, eu dava os primeiros passos na carreira de modelo e atriz, dois campos cheios de rejeição. Eu comparecera a vários castings onde ouvira não antes de sequer passar pela porta. Lembro de ficar devastada quando perdi uma campanha da Abercrombie & Fitch ou quando não tinha idade suficiente para um anúncio de perfume. Ao longo dos anos, fui rejeitada porque parecia jovem demais, velha demais, não tinha a cor de cabelo certa, não tinha experiência suficiente ou simplesmente não era o que eles queriam. E cada trabalho não conseguido contava como um fracasso pessoal. Nunca vou esquecer o dia em que descobri que não seria escalada para o papel de Jenny Humphrey de *Gossip Girl*, e que não viveria meu sonho em Nova York. Sempre que coisas assim aconteciam, eu duvidava muito de mim mesma, mas, em vez de acreditar que não era boa o bastante e ficar desestimulada, fiz o máximo possível para aceitar as críticas e aprender e crescer com elas. E, com frequência, só quando outro script ou oportunidade maravilhosa aparecia eu conseguia colocar as negativas em perspectiva e perceber que nada tinha sido por acaso. Também sou muito grata pela carreira de modelo não ter decolado depois que comecei a lidar com meus problemas de imagem corporal e transtornos alimentares. Não era um ambiente saudável para mim, afinal, e acho que o universo me disse isso a sua maneira.

(LILY) COLLINS DESEMPENHANDO COLLINS (TUOHY) NO SET DE *UM SONHO POSSÍVEL*.

À medida que fui envelhecendo e a vida foi se tornando mais complicada, o destino continuou dificultando as coisas. Eu me lembro de enviar inscrições de faculdades e esperar ansiosamente as cartas de aceitação. Certos envelopes traziam ótimas notícias, mas os que não as traziam eram os que afundavam seu coração sob o peso da rejeição. Ou, ainda, você entrava em duas das faculdades que adorava, e não sabia qual era a melhor. As opiniões (não solicitadas) são tantas que, às vezes, a nossa própria parece ficar perdida no caminho. Eu me inscrevi para poucas faculdades, algumas rejeitaram meu currículo, mas a aceitação em duas delas me deixou muito orgulhosa: a USC, na Califórnia, e a NYU, em Nova York. Por mais que quisesse me mudar para longe de casa, eu também sabia que Los Angeles era onde eu precisava estar por causa do trabalho. Eu tinha gastado tanto tempo e energia em busca do que amava que ir embora seria retroceder. Então decidi ficar na cidade e continuar tentando a carreira de atriz nas horas vagas, para ver o que acontecia.

OFICIALMENTE UNIVERSITÁRIA! CALOURA FAZENDO
UM TOUR PELO CAMPUS DA USC.

Depois de toda aquela aflição, acabei tendo de deixar a faculdade no final do segundo ano. Chegou a um ponto, depois de viajar de um lado para o outro dos Estados Unidos enquanto filmava *Um sonho possível* em Atlanta, que não consegui mais equilibrar tudo. A princípio, foi difícil. Mas percebi que não queria viver com nenhum arrependimento, e sabia que me arrependeria se não aproveitasse as oportunidades profissionais que tinha. Sempre haveria tempo para reingressar na universidade e me formar em algo em que estivesse superinteressada. Meu orientador conversou comigo durante todo o processo e me apoiou muito. Se eu não tivesse escolhido a USC, talvez não tivesse tido o mesmo apoio e ajuda para fazer a transição.

A pergunta "Por que isto está acontecendo?" é difícil quando lidamos com questões acadêmicas ou profissionais, mas sem dúvida é avassaladora quando se trata da vida amorosa. A quantidade de tempo e energia que gastamos nos questionando "O que deu errado? De quem foi a culpa? Eu poderia ter feito algo diferente?" acaba nos deixando paralisados. Acho que todo término é uma jornada em busca da compreensão de que o universo tem algo maior em mente para nós. Pode acreditar em mim, sei do que estou falando: todo término parece o fim do mundo. Às vezes eu sentia que nunca mais seria feliz. Mas, à medida que o tempo vai passando e nosso coração vai se curando, é possível levantar e seguir em frente. Quando isso acontecer, você ao menos saberá que seu coração é capaz de sentir. Sempre achei que cada pessoa que sai de nossas vidas nos prepara para a próxima. É claro que minha fé só era restaurada quando eu conhecia a pessoa seguinte — que trazia à tona as coisas que eu aprendera. Certa vez me apaixonei por um cara um pouco mais velho, que foi o primeiro a me dizer que não estava pronto para um relacionamento. A mágoa foi intensa e horrível, mas sua clareza e honestidade me ajudaram a seguir em frente sem nenhuma confusão. Então, anos depois, quando me vi no mesmo lugar que ele — algo pelo qual ninguém gosta de passar —, eu soube como lidar com a situação adequadamente em vez de ficar enrolando meu namorado da época.

Mas, às vezes, a parte *racional* do "nada é por acaso" é mais difícil de ver. A gente se pergunta o que fez para merecer tanto sofrimento; qual é o objetivo de tudo aquilo. Mas encontrar algum tipo de significado mais profundo é o único jeito de levar luz aos momentos mais sombrios de nossa vida. Por exemplo, se eu não tivesse tido um relacionamento emocionalmente abusivo, talvez nunca conseguisse me colocar ou me impor diante de futuros namorados. Sempre tento extrair algo de positivo em qualquer tipo de relacionamento que não dá certo. Jamais gosto de me referir a eles como "fracassados" porque aprendo muito com cada um, obtendo uma noção melhor de quem sou, do que preciso e do que posso proporcionar a outra pessoa. Às vezes é preciso saber o que não queremos ou não toleramos para aprendermos a valorizar quem nos trata maravilhosamente bem e a apreciar como é ser a melhor versão de nós mesmas com outra pessoa. Realmente acredito que todos temos o poder de tomar o controle da situação. Ao mesmo tempo, também sei que acreditar no poder do destino me permite ter mais paz quando algo termina, porque posso ver essa ruptura como um novo começo.

Nossos maiores triunfos na vida não chegam sem que tenhamos de passar por altos *e* baixos. Eu, por exemplo, não teria tanto orgulho do que fiz se não tivesse trabalhado tanto para conseguir. No final das contas, acreditar que nada é por acaso tira um enorme peso de meus ombros. Continuo encontrando obstáculos, mas isso só me faz lutar com mais afinco. Isso me dá perspectiva e me lembra de que não posso controlar nada além de meu próprio comportamento, de minha maneira de seguir em frente e de aceitar cada situação como ela é. Então, obrigada a todas as pessoas que me colocaram em situações horríveis e me disseram não — isso tornou o sim muito melhor de ouvir.

De vez em quando, o
universo nos inspira durante
nossos períodos mais
difíceis, e, se estivermos
abertos e dispostos a
ver, isso pode provocar
um enorme crescimento.

17

REFLEXÕES EM SEUL

No momento que escrevo, estou no meio de uma gravação de um filme na Coreia do Sul. Todos os dias me sento sozinha à mesma mesa do hotel e, durante horas, fico ali, bebendo chá e olhando Seul. Apesar de ser uma entre dez milhões de pessoas nessa cidade, há momentos de completa solidão. Estou com saudades de casa. Sinto que estou ao mesmo tempo distante e completamente imersa nesse lugar incrível. Fiz o que pude para sair e explorar a cidade nos momentos de folga, encontrando lugares legais e joias escondidas. Mas ter saudades de casa e bancar a turista não são desculpas — preciso tomar coragem e terminar de escrever este livro. Eu preferiria continuar procrastinando porque procrastinar parece ser o único jeito de manter minha história em aberto, o único jeito de continuar editando e reescrevendo, sem nunca entregar meu manuscrito final. Simplesmente não faço ideia de como terminar, como devo escrever meu próprio último capítulo.

Lembro de quando comecei a pensar no conceito de *Sem filtro*, e a escolher as histórias e experiências que compartilharia — a jornada que tinha pela frente parecia impossível. Eu jamais fora tão direta e honesta na vida. Nunca tinha compartilhado tantas partes de mim. Mas sabia que, se conseguisse me abrir, não só ajudaria os outros a fazer o mesmo, como sairia mais forte da experiência. E foi verdade: quanto mais escrevia e aliviava o peito, mais eu me abria para as pessoas em todos os outros aspectos da vida. Se alguém tocasse em um assunto constrangedor ou tabu com o qual eu me identificava, eu entrava na conversa, me via agindo sem filtro. Falando sem amarras, sem barreiras. Quanto mais falava, mais me envolvia com pessoas que têm histórias parecidas. Eu ocupava a posição à qual esperava que meus futuros leitores chegassem um dia — não me sentia diferente, louca ou solitária: me sentia apoiada. Revelar meus segredos e experiências se transformou em uma espécie de terapia. Algo do qual eu nem sabia que precisava. Isso me fez perceber que minha vida nunca seria perfeita. Que vivemos uma história em constante evolução, com altos e baixos, luz e escuridão, novos capítulos sendo acrescentados quando menos espero. De vez em quando, o universo nos inspira durante períodos difíceis, e, se estivermos abertos e dispostos, isso pode provocar um enorme crescimento. Exatamente o que aconteceu durante o tempo que passei na Coreia.

MINHA ROTINA DIÁRIA EM SEUL: EM UMA MESA NO CANTO COM MEU COMPUTADOR, SURTANDO SÓ UM POUQUINHO.

Mas antes de entrar de cabeça na Coreia, preciso voltar um pouco e explicar a situação que me trouxe até aqui. Eu tinha voado direto para Seul depois de filmar um filme extremamente emotivo e tocante, *To the Bone*, uma das experiências mais lindas e assustadoras pelas quais já passei. Assim como eu, minha personagem, Ellen, luta contra transtornos alimentares, e, quando comecei a considerar o papel, a ideia de voltar àquela situação fazia meu estômago afundar. Eu teria de emagrecer bastante e, embora fosse para um propósito específico e sob rígida supervisão de um nutricionista, fiquei nervosa com a dieta controlada, a autodisciplina e os efeitos psicológicos. Sem falar que, para retratar fielmente a doença e o estado mental de Ellen, eu precisaria retornar a meu antigo estado de espírito doentio. Será que conseguiria me distanciar do papel e evitar desfazer todo o progresso pessoal que fizera com relação a isso? Eu não queria que antigos gatilhos levassem a melhor sobre mim nem queria passar por tudo aquilo de novo. Eu já estava livre dos transtornos alimentares havia dez anos, mas a recuperação é um processo constante e que nunca termina de fato. Mesmo assim, lá no fundo do coração, eu sabia que teria de passar por isso. Não podia recusar uma oportunidade como aquela, que me forçaria a confrontar meus problemas do passado e ser registrada em filme para sempre. Seria importante para mim e para qualquer um que precisasse ouvir uma história como essa, que lança luz sobre um tópico ainda considerado tabu apesar de ser cada vez mais comum entre homens e mulheres de todas as idades. Não consigo explicar como fiquei feliz por ter feito o filme. Encarar o transtorno de frente e apagar toda a vergonha que o cercava foi algo que me deixou extremamente empoderada. Fazer parte de uma empreitada tão corajosa e pública também teve muito a ver com meu livro. Se eu já não estivesse escrevendo e abrindo meu coração, não sei se teria aceitado a proposta do filme. Sem dúvida não teria conseguido me expor tanto na performance. Até escrever meus capítulos sobre os transtornos alimentares, que por coincidência terminei uma semana antes de ler o script de *To the Bone*, eu ainda não havia sido completamente honesta comigo mesma sobre o passado e o que tinha acontecido.

No final, *To the Bone* acabou sendo a melhor forma de fazer uma reabilitação criativa, me ajudando a enfrentar aspectos do transtorno com os quais eu jamais lidara de forma positiva. Quando cheguei ao fim, me vi em um período de remissão no qual me senti mais forte que dez anos antes, no auge da doença, mas também ainda vulnerável. Os efeitos físicos e emocionais da experiência que acabara de ter ainda eram muito recentes. Eu estava, entretanto, determinada a me concentrar em meu crescimento em vez de me prender a qualquer sinal de fraqueza em potencial — só tive mais ou menos uma semana para respirar antes de começar a filmagem de *Okja* na Coreia. Precisei vir para o outro lado do mundo, para um país extremamente diferente, completamente sozinha. E nesse novo filme, eu desempenhava uma mulher fisicamente forte, com a tarefa de proteger os mais fracos. Muito diferente daquele que eu tinha acabado de gravar! Literal e figurativamente. Precisei recuperar o peso perdido para *To the Bone* de um jeito saudável, não só para recuperar força enquanto Lily, mas também para habitar a mente de minha personagem durona, que não tinha a menor conexão com um transtorno alimentar. Eu olhava para meu corpo muito magro no espelho do hotel e pensava que, há dez anos, aquela magreza seria a realização de tudo que eu desejava. Era meu sonho. E teria sido mais fácil para minha mente me fazer pensar que ainda era. Mas isso era passado. Eu não era mais aquela garota. Então me peguei vivendo uma metáfora: deixando meus hábitos e corpo antigos e me tornando a pessoa forte que queria ser. Na minha opinião, o universo me deu a melhor desculpa para voltar a ser saudável e não me prender na mentalidade da doença, algo que a Lily de dez anos antes sem dúvida teria feito. Significou finalmente abrir portas internas que tinham ficado fechadas durante anos.

Mas destrancar essas portas me forçou a confrontar lembranças e emoções que eu tinha tentado suprimir, ou presumia ter superado. Houve momentos na Coreia quando achei que fracassaria, que podia regredir. Eu temia ser puxada de volta para o transtorno e me desviar do caminho em direção a uma vida saudável. Estava em um país no qual mal entendia o que as pessoas falavam e mal reconhecia a maior parte da comida. Uma grande amiga dissera que seria muito mais difícil recuperar o peso que perdê-lo — e ela estava certa. Mas fiz um esforço consciente para não deixar meus antigos medos levarem a melhor. Eu tinha lutado demais para deixá-los ganhar agora. Eu me sentava com meus pensamentos e os aceitava. Conversava com minha mãe e meus amigos quando me sentia fraca e sozinha. Aceitava de braços abertos qualquer orientação e procurava amor e apoio nas pessoas próximas a mim. Eu sabia que precisava delas e que isso não era um problema. Todas me ajudaram muito, sem ter medo de ser diretos e honestos. Uma de minhas amigas me disse para não ser dura comigo mesma e não ter medo de me soltar. Meu foco precisava ser recuperar a mim mesma, não o peso. E embora fosse levar mais tempo do que eu tinha imaginado, no final das contas eu ia conseguir. Eu voltaria a ser saudável. Recuperaria a força.

Faz parte da condição humana passar por dificuldades, mas não deixo que elas me definam. Eu as usei para fazer uma autorreflexão e uma contemplação emocional profundas. Consumi coisas que satisfaziam e me davam a energia de que eu precisava para pensar, explorar e escrever. Reincorporei novos grupos alimentares e até comi porco e carne pela primeira vez em quinze anos numa maravilhosa churrascaria coreana. Também tive a incrível oportunidade de cozinhar com um renomado e reverenciado monge budista, o chef Jeong Kwan.

A VARIEDADE DE PRATOS MARAVILHOSOS QUE PREPARAMOS COM O CHEF JEONG KWAN, INCLUINDO UM CLÁSSICO KIMCHI COREANO, PANQUECAS DE CEBOLINHA, SALADAS E MOLHOS.

Continuei minha exploração culinária quando voltei a Los Angeles após as filmagens. De repente, almoços e jantares passaram a durar horas conforme eu experimentava coisas novas, compartilhava pratos e até pedia sobremesa enquanto conversava com amigos, desfrutando de sua companhia e permitindo que o ato de comer fosse um divertido evento social. Descobri que não precisava carregar comigo minhas comidas habituais e depender delas, e que não precisava entrar em pânico se não soubesse o que ou onde comeria em seguida. Também voltei a me exercitar. Mas, em vez de exagerar e me sentir exausta, fui com calma e determinei meu ritmo. Não existia mais a culpa caso não treinasse todo dia. Eu me reapresentei a meu corpo e ouvi suas necessidades, deixando-o descansar quando ele precisava. Aceitei a mudança e aprendi que existe mesmo esse conceito de controle saudável. Eu sou a chave de minha cura. Para ficar saudável, precisei agir porque eu *quis*. Todo músculo ou peso que meu corpo ganhasse dali por diante seria por causa de trabalho duro, suor e amor. Essas ferramentas viriam suportadas por uma base positiva e estimulante. Talvez eu finalmente conseguisse ver como era meu corpo normal e natural. Aceitei a progressão orgânica das coisas; se me sentia cheia, talvez mais do que antigamente julgaria confortável, eu ficava com meu desconforto e afastava aqueles sentimentos familiares de culpa. Três horas depois, por mais incrível que parecesse, eu me sentia melhor e, às vezes, até sentia fome de novo. Depois de passar anos restringindo meu corpo, impedindo-o de reagir naturalmente ao que precisava, permitir a digestão e sentir o que ele pedia foi incrível. Eu me satisfazia em todos os sentidos conforme me imergia naquela experiência educativa e terapêutica. Uma verdadeira conexão entre mente, corpo e alma.

SOBRECARGA SENSORIAL NO MERCADO GWANGJANG.

Então algo inesperado aconteceu. Através de toda essa recuperação e autorreflexão, ouvi a voz de meu próprio vício. Eu tinha escutado as de meus ex-namorados viciados, mas nunca soubera que tinha uma — e que ela falava alto. Também era controladora, me dizendo o que fazer e influenciando minhas ações. Uma coisa assustadora. Quanto mais eu trabalhava em mim mesma, mais conseguia separar a voz do vício de minha verdadeira voz interior. Ao baixar o volume da que era nociva, consegui entender a importância de encontrar um equilíbrio saudável. Quanto mais penso no futuro, mais certeza tenho de que não quero mais carregar minha bagagem emocional. Tenho 27 anos e um dia quero ter uma família. Quero ter filhos. Sei que isso é parte de meu propósito maior. Quero viver para alguém mais do que apenas para mim, e, quando isso acontecer, quero estar o mais feliz e saudável que puder ser. Não quero passar meus problemas para meus filhos. Pelo contrário, quero passar minhas histórias. Quero ser uma daquelas pessoas que se lembra de detalhes lindos e aleatórios até sobre os momentos mais fugazes da vida. Quero olhar para trás e saber que não desperdicei nenhum segundo me preocupando com coisas pequenas, que não permiti que nada nem ninguém me desanimasse. Quero que minha aparência reflita minha força interior. E, para fazer tudo isso, preciso viver tudo intensamente e estar presente de verdade, não preocupada com coisas que estão fora de meu controle, ou tentando controlar tudo o que puder.

No fim das contas, me recuso a permitir que esse papel ao qual me acostumei tanto a desempenhar na vida cotidiana — Garota com um Transtorno — defina quem sou e quem me tornei. Sei que perder esse título assusta parte de mim; também sei que sou mais que apenas um corpo. Não preciso me rotular. Nenhum de nós precisa. Eu me lembro de dirigir para casa na noite em que terminei as filmagens de *To the Bone* e passar por minha escola de ensino médio, onde muitas de minhas inseguranças, problemas de relacionamento e transtornos alimentares começaram. Olhei pela janela e sorri. Mal poderia imaginar que a Lily problemática daquela época estava passando por tudo aquilo por um propósito maior. Para um dia poder compartilhar sua história como parte de um plano muito maior. Para que sua voz se juntasse à de tantas outras jovens. E nem consigo expressar o quanto é libertador estar aqui compartilhando e sendo sincera. Transparente. É um peso que me sai dos ombros, um fardo autoimposto que vai sendo descartado. Tenho muitas outras coisas nas quais focar, momentos pelos quais ansiar, e encontrei conforto em saber que o tratamento é para sempre. Não tenho um limite de tempo ou um prazo para entender tudo. Não existe a linha de chegada, apenas o progresso. E tenho feito muito progresso, dando passos grandes e pequenos. Quero saber quem sou por baixo de todas aquelas camadas que construí ao longo dos anos. Às vezes é preciso revisitar o passado para se preparar para o futuro. Isso sempre me soou extremamente cafona, mas agora é mais verdade do que nunca: estou ficando mais velha e, quanto antes aceitar minha história como ela é e me livrar da vergonha, dos arrependimentos e do medo que cercam minhas experiências, mais cedo vou poder simplesmente viver, amar e ser amada.

Amor sempre e eternamente

AGRADECIMENTOS

Sei que nem sempre fui a pessoa mais calma e tranquila do mundo, sobretudo enquanto escrevia este livro, mas obrigada por aturarem minha loucura e me amarem mesmo assim. Durante toda essa jornada, tive muita sorte de estar cercada de pessoas tão incríveis e genuínas, fundamentais para inspirar minha história. Os agradecimentos a seguir não estão em ordem alfabética nem de importância (juro). Amo todos vocês!

Obrigada:

Mãe — Por ser essa inspiração e modelo incrível. Por me encorajar a ser tão aberta e honesta, e por me apoiar a cada passo desta jornada, tanto em meu processo de escrita quanto em meu crescimento para me tornar mulher. Você nunca me julgou, apenas me deu amor. Nenhuma palavra jamais será suficiente para expressar o orgulho que tenho de você e a gratidão por tudo o que me deu e me ensinou. Amo você, sempre e eternamente.

Pai — Por sempre me inspirar e me encorajar a fazer o que amo e dar tudo de mim. Obrigada por me ensinar tanto sobre quem eu sou, mesmo quando você não sabia que o fazia. Eu cresci muito como pessoa durante tudo isso. Eu continuo tendo muito orgulho de você por tudo o que fez, as mudanças na saúde que realizou bravamente. Como eu já disse um milhão de vezes, serei eternamente sua garotinha e sempre irei precisar de você, aconteça o que acontecer. Mal posso esperar para compartilhar tantas coisas que virão. Meu amor por você é maior que a lua.

Thom e Bill — Por nunca me julgarem e sempre estarem presentes para responder minhas perguntas. Por terem me dado ouvidos há tantos anos, durante aqueles momentos de dificuldade que eu sequer enxergava estar vivendo. Vocês me passaram uma sabedoria que continuo a transmitir. Abriram meus olhos de formas que eu não imaginava ser possível e me ajudaram a encontrar o caminho quando eu não o via. Obrigada por sempre me apoiarem, tanto em meus jogos de basquete do ensino fundamental como nas estreias de meus últimos filmes, e por tirarem milhões de fotos e sempre aplaudirem.

Dan — Por sempre alimentar meu lado criativo, estranho e maluco desde que eu era pequena, e por me inspirar constantemente com seu trabalho. Seu talento sempre me deixa maravilhada, e seu espírito amoroso é contagiante.

Candice — Por ser a melhor avó do mundo. Por sempre ir aos mesmos restaurantes comigo em virtude do hábito e por aturar meus pedidos complicados. Por não revirar os olhos (pelo menos na minha frente) quando eu pegava meu iogurte e café gelado todas as manhãs na aula da USC. Você conhecia minhas esquisitices naquela época, mas as aceitava como parte de quem eu era. Você nunca me julgou, e não tinha medo de falar o que achava nem de dar sua opinião, mesmo quando os outros se tolhiam. Obrigada a seu marido, Kyle, por também me aturar, sua outra cara metade, e por fazer companhia a minha mãe quando eu a roubava dele.

Alex V. — Por ser um dos seres humanos mais únicos que já tive o prazer de conhecer e amar. Por aceitar todas as pessoas sem restrições e por ser muito impetuoso. Por compartilhar meu amor por fantasias e pela Feira da Renascença, por compartilhar sua mãe comigo e por considerar a minha como a sua mãe em Los Angeles. Sua risada me faz sorrir, e seus abraços sempre me animam. Eu não consigo imaginar onde estaria sem sua amizade.

Jaime e Kevin — Por seu amor e apoio constantes durante alguns de meus momentos mais difíceis. É uma honra conhecer vocês e suas lindas filhas. Jaime, nossas conversas impagáveis durante jantares com comida para viagem, ou enquanto fazíamos as unhas, significaram mais para mim do que você imagina. Eu valorizo sua opinião honesta e jeito direito. Você nunca doura a pílula e não tem medo de dizer o que pensa. Por mais que outras pessoas fiquem constrangidas, você é sempre muito sincera e livre. É uma das mulheres mais fortes, independentes e hilárias que conheço. Um sopro de ar fresco. Kevin, ter sua perspectiva sobre meus problemas de relacionamento foi imprescindível e muito esclarecedor. Obrigada por ser tão honesto comigo, exatamente como sua esposa, nunca me dizendo apenas o que quero escutar. Eu sinceramente não consigo imaginar sobreviver aos últimos anos sem vocês do meu lado. Sua amizade não tem preço. É uma alegria ter sido parte de sua jornada para serem mãe e pai, e agora ser a tia honorária da Zoë e do Blake. Vocês são da família e podem contar comigo em qualquer situação.

Liana — Por falar o que pensava há anos quando achou que havia algo errado. Por sempre estar presente, em pessoa ou no Skype, para me ouvir desabafar ou delirar sobre meninos, mesmo quando sabia que eles não eram certos para mim. Obrigada por nunca fugir de dizer o necessário. Por nunca se calar por hesitação ou por medo de que eu não concordasse ou gostasse do que você tinha a dizer. Por me visitar no set quando eu estava digerindo aquele término horrível e por ser exatamente o que eu precisava para me recuperar. Pelas incontáveis horas que passamos discutindo nossos planos para o futuro e problemas familiares. Por estar presente para me ouvir durante os momentos difíceis e por ser minha parceira de dança nos bailes e formaturas da escola assim como quando saíamos em Nova York. Seja no trabalho ou na diversão, você sempre cuidou de mim e sua opinião foi mais valiosa do que você imagina em meu processo de autorreflexão.

Mark — Por me encorajar a me soltar e me divertir. A não levar a vida tão a sério e a aceitar a mudança. E também por todos os seus conselhos masculinos. Você parece simplesmente me entender, sempre sem fazer julgamentos ou me fazer sentir uma louca. A não ser que estejamos sendo loucos juntos. O que eu amo. Seu espírito independente é inspirador, e você sempre foi alguém em quem me apoiar. Estarei aqui por você incondicionalmente, e sei que é recíproco.

Alex A. — Por ser de minha torcida organizada, por sempre estender a mão, começando na aula de francês no primeiro ano e até hoje, quando não consigo descobrir por que a tecnologia me odeia tanto. Por me visitar na Coreia quando precisei de um rosto familiar. Por contrabandear petiscos de casa e me levar para passear, me apresentando a pessoas e lugares que passaram a parecer menos intimidadores. Estou muito orgulhosa de todas as suas conquistas e dos riscos que você aceita correr. Seu apoio, encorajamento e paciência foram uma grande ajuda durante todos esses anos.

Lorenza — Por me encorajar a aceitar meu lado sexy. Por estar presente para ser empática, mas também para apontar meus erros. Por ser paciente enquanto eu fazia anotações sem parar durante nossas sessões femininas de desabafo porque não queria esquecer suas palavras de sabedoria. Seu humor e amor pela vida são contagiantes, e eu não poderia estar mais orgulhosa por ver como chegamos longe, o quanto crescemos. Agradeço também a seu incrível marido, Eli, que me deixa roubar você para sairmos. Você foi uma grande energia positiva e uma fonte de luz, Eli.

Bella — Por me avisar como essa empreitada seria difícil embora eu não tenha acreditado em você. E depois, por ouvir mesmo assim minhas reclamações e dificuldades quando finalmente entendi suas palavras. Obrigada por me apresentar a algumas das pessoas mais importantes de toda a jornada. Por todos os almoços, chás e refeições caseiras durante as quais revelamos segredos, abrimos a alma e nos conectamos. Sua honestidade e mentalidade "direta" são muito revigorantes, e admiro sua habilidade de ser seletiva e só fazer o que a deixa feliz e realizada, nunca porque outra pessoa disse para fazer.

Johnny — Por ser a pessoa mais direta que conheço, até sobre você mesmo. Você me faz rir como ninguém desde que nos conhecemos no primeiro ano, há tanto tempo. Você não mudou nada. Eu confio em você para me dizer a verdade. Obrigada por nunca desistir de tentar me convencer a comer carne e a experimentar comidas novas, mesmo quando chega a ser irritante tamanha persistência. Eu sei que é sempre por amor. Só verdadeiros amigos podem fazer isso! Você sempre me anima e me lembra de quem sempre fui e continuo sendo. Obrigada por me lembrar que sou uma maníaca controladora, e me amar mesmo assim. Ninguém tem uma memória como a sua. Só não saia contando tudo para todo mundo, ok? :) Obrigada por me encorajar a me arrumar e me esforçar. Agora sempre, sempre que tiro um acessório esquecido no closet penso que você estava certo: isso me faz sentir melhor. E, sim, eu sei que você ainda está esperando uma fase loura.

Shelby — Por fazer parte dos três amigos junto com Johnny desde o primeiro ano. Por entender o que significa ser chata para comer e levar séculos para fazer o pedido em um restaurante, mas basicamente por criar seu próprio prato. Pelas incontáveis horas em que rimos juntas da cara da outra. Por ser tão estilosa e me inspirar a ousar mais. Passei a aceitar que algumas coisas simplesmente ficam melhores em você. Me reconectar com você e com Johnny foi muito especial. Que loucura conseguirmos retomar de onde paramos, como se não tivesse passado tempo algum. Acho que é sinal de uma amizade verdadeira. Ter seu apoio significa tudo, e não dá para expressar o quanto é importante relembrar os velhos tempos sempre que estamos juntas.

Carrie — Por ficar do meu lado todos esses anos no trabalho e na vida. Por acreditar em mim e estimular o mesmo nos outros. Por ser real, nunca ter medo de falar o que pensa, mesmo que seja algo que você ache que eu não quero ouvir. Por seu suporte inabalável. Por me ajudar a ver uma rota de saída de uma época sombria e me receber de volta quando demorei um pouco mais do que esperava. Você não desistiu e me fez ver as coisas sob uma nova perspectiva. Você foi mais inspiradora do que imagina. Não sei o que faria sem você.

Chelsea — Por todos os e-mails que trocamos e que me fizeram rir exatamente quando eu precisava. Por começar um clube de jantares para nos obrigar a ir a lugares novos. Por me encorajar a me colocar em primeiro lugar quando eu precisava melhorar. Por me mostrar que os homens também podem aceitar suas peculiaridades. Por renovar minha fé no fato de que mesmo garotas que não precisam de garotos podem precisar de um garoto. E eles também podem aceitar suas peculiaridades e considerá-las atraentes e fofas. Os que não aceitam não valem seu tempo. Por todas as lembranças bizarras e conversas maravilhosas de nossas viagens épicas só de garotas. Você sempre cuidou de mim e acreditou em mim, assim como acredito em você.

Mara — Por me apresentar a uma das pessoas mais importantes de minha vida durante todo esse período de autorreflexão. Por ser uma luz incrível para mim, uma inspiração. Tenho muito orgulho de você por sua capacidade de realizar as próprias ideias. Sua energia amorosa e positiva torna o mundo, meu mundo, um lugar melhor. Você foi responsável por muitos momentos monumentais de mudança em minha vida. Momentos que eu nem sabia que seriam tão importantes e marcantes. Confio completamente em você.

Molly — Por ser a incentivadora mais entusiasta de tudo o que apoia a "beleza interior". Por compartilhar seu coração comigo e me empoderar de um jeito incomparável toda vez que nos encontramos. Por viajar pelo mundo a meu lado e ser uma rocha sólida à qual eu podia me agarrar quando sentia que estava perdida. Por me ensinar tantas formas de acreditar em mim mesma e me fazer sentir linda de dentro para fora.

Ciara — Por me ensinar seu jeito "girl power" e me encorajar a entender meu valor. Por conseguir o que você quer e ser uma mãe durona.

A família Hart — Por tornarem minha mãe e eu parte da família todos esses anos. Por sempre me apoiarem no que eu fizesse. Por guardarem todas as suas fotos antigas e me mostrá-las quando eu precisava ser lembrada de quem sempre fui. Todos vocês significam muito para mim, e sou muito grata por tê-los em minha vida.

Sheryl — Por todo o seu amor e apoio inabaláveis desde que eu era pequena. Tenho muita sorte por ter crescido e me tornado sua amiga, não mais a filha de sua amiga. Quando isso acontece é lindo. Você é a pessoa menos egoísta que conheço, e eu sou melhor por ter você na vida.

Hilary — Pelas intermináveis conversas sobre todos os assuntos ao longo dos anos. Por ouvir eu me repetir várias vezes, nunca julgando, mas sempre estando presente para as coisas boas, ruins, horríveis e hilárias. Desde os dias de minhas meinhas brancas aos dos vestidos de baile, foi uma aventura. Você é única e agradeço muito seu amor, amizade e conselhos.

Nick — Por querer trabalhar comigo mesmo quando eu disse que não queria ser atriz. Continuo sem acreditar que falei isso. Mas também fico feliz por ter aceitado. Por ter me apoiado e lutado por mim a cada passo do caminho desde o começo. Por estar presente como um verdadeiro amigo durante tantos períodos difíceis. Por sempre ser a melhor companhia, e por todas as festas e por compartilhar muitas "melhores noites de todos os tempos" comigo. Por dar sua opinião quando eu nem sabia que precisava de você, e por todos os seus conselhos sobre homens. Ou meninos, como você gosta de dizer. Você batalhou por mim muitas vezes, e é o perfeito cavaleiro de armadura.

Jon — Por não achar que eu estava maluca quando disse que queria escrever um livro, e, em vez disso, me apresentar a Cait e começar todo esse processo. Por todas as caminhadas longas e suadas nas quais me ouviu desabafar. Por suas valiosas opiniões e determinação. Obrigada por acreditar em mim e por sempre estar presente como um amigo, camarada, bro.

Christian — Por estar sempre aberto para ouvir e me apoiar. Por me proporcionar algumas das oportunidades e lembranças mais incríveis, assim como pelos conselhos diretos e sem julgamentos que valorizo e confio. Obrigada por me apresentar à ioga, que me acalmou e me ajudou a apresentar meu corpo a coisas novas.

Rob e Mariel — Por me ajudarem a aceitar várias novas facetas de minha personalidade através da moda. Vocês me empurraram delicadamente para fora da zona de conforto e me expuseram a muitas formas novas de me sentir bonita. A visão artística de ambos é muito inspiradora, e adoro rir e brincar com vocês.

Marti — Por ser a mulher incrivelmente corajosa que é. Por compartilhar sua história comigo e por ser tão honesta e sincera desde o instante que nos conhecemos. Sua força e sua determinação me inspiram, e fazer parte de seu filme, *To the Bone*, foi fundamental para terminar este livro. Eu adquiri um entendimento maior de mim mesma e sou eternamente grata a você por me fazer sentir tão segura e protegida. Você me mostrou que ser vulnerável é algo lindo e, mesmo em meio aos momentos mais difíceis, é possível encontrar um lado mais forte e poderoso.

Alex S. — Pela solidariedade e apoio inabalável durante um dos períodos mais difíceis e uma das experiências mais desafiadoras de minha vida. Por nunca me julgar. Seu coração é enorme, e me sinto muito sortuda e honrada por ter passado pela experiência de *To the Bone* com você, e ficarei eternamente agradecida por ter tido você de meu lado para compartilhar esses momentos. Por me dar a autobiografia *An Apple a Day*, sabendo o quanto me ajudaria durante as filmagens e depois. Pode acreditar, ajudou. Você iluminou muitos momentos sombrios.

Christina — Por me manter sã na Coreia e ser minha parceira no crime quando exploramos Seul, experimentando todas as visões e sons. Não consigo acreditar que nos conhecemos naquele primeiro dia no caminho do supermercado. Que apropriado. Mal sabia eu quão essencial você seria em todo o processo de recuperação durante *Okja*. Não sei o que teria feito sem você. Por me encorajar a quebrar meu jejum de carne depois de quinze anos (embora você não tivesse a menor ideia e tenha ficado péssima por dois segundos depois que contei). Por ser um lar longe de casa.

Nancy — Por proporcionar um ambiente seguro para que eu possa explorar emocional e fisicamente cada personagem que retrato, e por todas as ideias incríveis que dá. Obrigada por nunca julgar minhas escolhas, e sim por me desafiar a acessar as partes mais profundas de mim mesma. Por me encorajar a me soltar e estar presente. Pelas incontáveis horas e sessões de final de semana que você conseguiu marcar, administrando o tempo com sua família para me ajudar a atravessar algumas das experiências mais exaustivas e difíceis, e definir alguns dos personagens mais complexos. Valorizo o tempo que trabalhamos juntas, e não poderia imaginar ter atravessado *To the Bone*, entre outros, sem seu apoio, amor e experiência.

Michelle — Pelo apoio nos últimos seis anos. Sua luz me ajudou a enxergar durante alguns dos momentos mais sombrios, e sua opinião me permitiu refletir sob uma nova perspectiva. Por sua causa, consegui aceitar muito de meu passado sem ficar envergonhada, e a usar o que antes considerava minha fraqueza como ponto forte. Seus conselhos são incomparáveis. Eu valorizo toda a sabedoria que você compartilhou comigo e a energia positiva que me enviou. Não sei onde estaria sem você, que mudou minha vida e a quem serei eternamente grata.

Fatima — Pelas incontáveis horas que passamos juntas em algumas das circunstâncias mais vulneráveis. Obrigada por trazer uma energia tão positiva para minha vida e por sempre me deixar tão tranquila. Você me ensinou muito sobre como é estar confortável comigo mesma e centrada em meu próprio corpo. A filosofia holística que me apresentou mudou para sempre minha visão da conexão entre mente, corpo e alma. Obrigada por me empoderar e me fazer sentir que posso fazer qualquer coisa.

Liz — Por sua orientação, apoio e conhecimento, que me ensinou coisas que eu nunca imaginei que estaria aberta para aprender. Seu comportamento encorajador e sem julgamentos fez toda a diferença do mundo em meu período de recuperação, e vou levar o que aprendi em nossas sessões para sempre. Ainda bem que o universo nos apresentou naquela época.

Cait — Por acreditar em mim e em minha história, e por tornar tudo isto realidade. Eu não teria conseguido sem sua orientação e animação.

Sara — Por ser minha incrível editora, sem a qual nada disto teria acontecido. Por nunca julgar minha história, e sim aceitá-la como se fosse sua e ser a melhor pessoa para dar opiniões, com quem debati várias ideias a qualquer hora do dia. Obrigada por sempre responder minhas perguntas, fossem elaboradas ou simples, tão rápido, e por me deixar usar seu escritório maravilhoso quando não estava lá. Eu me senti muito importante. Obrigada por nunca me pressionar e sempre cuidar para que eu me sentisse confortável e segura. Por todas as risadas e horas de edição durante almoços corridos e incontáveis xícaras de chá. Por nunca filtrar minha voz. Por nunca questionar minhas intenções e garantir que eu me sentisse segura e protegida e, mesmo assim, me desafiar criativamente. Por me entender desde o segundo que nos conhecemos. Embora este livro esteja terminado, nossa amizade segue em frente. Fico muito feliz pelo universo ter nos unido. Realmente, nada acontece por acaso.

O restante de minha incrível equipe da HarperCollins — Por sua incrível paixão e crença em mim desde o começo. Obrigada a Veronica Ambrose, Bess Braswell, Barbara Fitzsimmons, Alison Donalty, Cindy Hamilton, Stephanie Hoover, Kate Jackson, Alison Klapthor, Jennifer Klonsky, Ro Romanello, Nellie Kurtzman, toda a equipe de vendas, Suzanne Murphy, Anna Prendella, Emily Rader, e Elizabeth Ward por encorajar minhas ideias, aceitar minha história e proteger minha voz. Vocês me receberam graciosamente como parte da família e mostraram como as coisas funcionavam quando invadi o escritório de Sara. Trabalhar com todos vocês durante aquelas últimas semanas em que terminamos tudo foi uma experiência inesquecível. Aquilo tornou toda esta jornada extraespecial e perfeitamente completa. Vocês transformaram o ato de ir para o trabalho todo dia em algo divertido e satisfatório. Eu não teria conseguido sem todos vocês e seu trabalho duro, colaboração e dedicação. Nós conseguimos!

Dean — Por toda a ajuda ao longo dos anos e por sempre me fazer rir quando precisei. Obrigada por todas as conversas aleatórias durante nossos divertidos percursos de carro até o aeroporto. Por nunca julgar minha escolha de roupas (Deus sabe que você testemunhou algumas fases duvidosas), mas também por nunca ter medo de me dar sua opinião sincera. Você é basicamente perfeito. Agradeço muito por tudo o que você fez por mamãe e por mim, e valorizo nossa amizade.

Ella — Por ser a jovem linda, fofa, inteligente e magnética que você é. Obrigada por me ensinar tanto sobre mim mesma sem saber. Seu equilíbrio e elegância, inteligência e charme me inspiram, e tenho muito orgulho de você. Nunca se esqueça de quem você é e nunca se conforme com nada nem ninguém inferior ao que você merece. Sei que seus pais não deixariam isso acontecer, mas vou continuar dizendo mesmo assim. Você é um ser humano incrivelmente especial, e tenho sorte por conhecê-la.

Lancôme — Por encorajar as mulheres de todas idades ao redor do mundo inteiro a aceitar a beleza interior e nos aceitar como somos. Por destacar nossas personalidades, que já são únicas, instilando autoconfiança e aumentando nosso brilho interior. Obrigada por reconhecer nossas diferenças como algo individual, definindo características, não defeitos. Por sua lealdade e crença em mim. É um privilégio representar a marca juntamente a mulheres tão fortes, talentosas e inspiradoras, e uma imensa honra fazer parte da família.

Todas as outras corajosas almas jovens que compartilharam sua história comigo nas redes sociais e pessoalmente — Por me inspirar todos os dias com suas palavras e apoio. O amor que vocês demonstram não apenas por mim, mas uns pelos outros, é absolutamente lindo. Nunca esperei fazer parte de uma comunidade tão encorajadora de gente jovem como a que tenho nas redes sociais. Obrigada por seus maravilhosos livros e presentes feitos à mão. Por suas mensagens e pensamento positivo. Por me fazerem sorrir quando eu mais precisava. Por criar um ambiente seguro no qual compartilhar e se conectar. Sua coragem de se expor, sua abertura e disposição de dizer o que pensam e a força para revelar os pensamentos mais íntimos me inspiraram a fazer o mesmo. De verdade. Obrigada do fundo do coração por suas mensagens diárias, fotos e desenhos. Eles me deram mais conforto do que vocês imaginam. Sua paixão e dedicação são incomparáveis, e é uma honra conhecer todos vocês.

RECURSOS

Embora todos os esforços tenham sido feitos para garantir a exatidão das informações que se seguem até a data do lançamento deste livro, é apenas para propósito de informação. Não se designa a ser completo ou exaustivo nem um substituto para o aconselhamento de um profissional qualificado em saúde mental.

Se você, ou alguém que conhece, se identifica com alguma coisa que falei ou quer saber mais, eis alguns recursos. Lembre-se, pedir ajuda e buscar suporte nunca é sinal de fraqueza. É preciso ter força e coragem. Seja qual for a dificuldade, você não precisa passar por isso sozinho.

TRANSTORNOS ALIMENTARES

* Bulimia.com: bulimia.com

* Center for Eating Disorders: center4ed.org/resources.asp

* Eating Disorder Hope: eatingdisorderhope.com

* Eating Disorder Referral and Information Center: edreferral.com

* The Healthy Teen Project: healthyteenproject.com

* National Eating Disorders Association: nationaleatingdisorders.org

Juntamente ao livro *Eat Cake* de Jeanne Ray, a autobiografia *An Apple a Day*, de Emma Woolf, foi uma incrível fonte de inspiração para mim enquanto eu estava no caminho da recuperação em Seul depois de *To the Bone*, e enquanto terminava este livro. A coragem de Emma em expor sua história, sua escrita direta e honestidade brutal, o jeito como ela se responsabiliza por suas ações para seguir em frente me encorajaram a me aprofundar em minhas próprias dificuldades e ser mais sincera comigo. Escrever com mais franqueza. Me libertar e viver mais livremente.

RELACIONAMENTOS ABUSIVOS

* Break the Cycle: breakthecycle.org

* loveisrespect: loveisrespect.org

* The National Domestic Violence Hotline: thehotline. org

BULLYING

* The Bully Project: thebullyproject.com

* Bystander Revolution: bystanderrevolution.org

* Olweus Bullying Prevention Program: violencepreventionworks.org

* PACER's National Bullying Prevention Center: pacer.org/bullying

* Stop Bullying: stopbullying.gov

* Teen Line: teenlineonline.org

* The WE Movement: we.org

SAÚDE MENTAL

* Crisis Text Line: crisistextline.org

* It Gets Better Project: itgetsbetter.org

* National Alliance on Mental Illness: nami.org

* The Trevor Project: thetrevorproject.org

Este livro foi composto na tipologia Adobe Garamond
Pro, em corpo 11/19,2, e impresso em papel offset 90 gr
pela gráfica Lis.